丛书编委会

总　策　划：来新国　王文成

编委会主任：郭齐勇　周晓亮

编　　　委：来新国　陈知涯　张　彧　尹格韬　沈　众

王文成　孟淑贤　周长志　罗养毅　秦　丹

乌　琛

大家精要

范仲淹

张焕玲 著

Fan Zhongyan

陕西师范大学出版总社

图书代号 SK16N1471

图书在版编目(CIP)数据

范仲淹/张焕玲著. —西安：陕西师范大学出版总社
有限公司，2017.1（2024.1重印）
（大家精要）
ISBN 978-7-5613-8888-4

Ⅰ.①范… Ⅱ.①张… Ⅲ.①范仲淹（989—
1052）—传记 Ⅳ.①K827=441

中国版本图书馆CIP数据核字（2017）第001775号

范仲淹　FAN ZHONGYAN

张焕玲　著

责任编辑	陈柳冬雪
责任校对	郑若萍
封面设计	张潇伊
出版发行	陕西师范大学出版总社
	（西安市长安南路199号　邮编710062）
网　　址	http://www.snupg.com
印　　制	永清县晔盛亚胶印有限公司
开　　本	650 mm×930 mm　1/16
印　　张	10
字　　数	100千
版　　次	2017年1月第1版
印　　次	2024年1月第2次印刷
书　　号	ISBN 978-7-5613-8888-4
定　　价	45.00元

读者购书、书店添货或发现印刷装订问题，请与本公司销售部联系、调换。

电话：（029）85303879　　传真：（029）85307864　　85303629

目　录

第 1 章

生平述略

一、家世及游学

先本唐相

范仲淹，字希文，苏州吴县（今江苏苏州）人。宋太宗端拱二年八月二十九，即公元989年10月1日，生于河北成德军（真定府，治所在今河北省正定县）节度掌书记官舍。父亲范墉时任成德军节度掌书记，相当于真定府军事长官的秘书，平日主要协助长官处理文书、信札之类的事务。范墉原配陈氏，继室谢氏，生有五子，三男早殇，唯余范仲温（985~1050）与仲淹得以存活，仲淹即谢氏夫人所生。

关于范氏家族的起源，仲淹后人自谓是唐尧之苗裔，然而时代久远，无法考证。据富弼所作《范文正公仲淹墓志铭》所云，范氏先祖最初居住在河内（今河南沁阳），后来迁徙至长安。远祖为唐丞相鸾台凤阁平章事范履冰。范仲淹《岁寒堂》诗亦云："我先本唐相，奕世天衢行。子孙四方志，有家在江城。"四世祖为范隋，在唐懿宗时曾任幽州良乡（今北京房山区）主簿，咸通十一年（870）又为处州丽水（今浙江丽水）县丞，因北方战乱，遂举家迁徙至江南，定居于苏州吴县，自此占籍为中吴（中吴军节度使之简称，即苏州）人。因春秋吴国的宫城在高平里，故古人又以高平作为姑苏的代称，像范仲淹就常在文末自署郡望为高平。后来他出知杭州，途经姑苏，荣归故里，与乡里族人会面，追思祖宗，一起搜访家族中先世所传诰书家集，续写家谱，整理考述出自四世祖范隋以下支脉谱牒。

至五代时期，范氏子孙繁衍生息，祖祖辈辈都效力于钱缪所建的吴越国。曾祖父范梦龄在五代十国时曾任吴越国的苏州粮科判官，以德行才华著称于江左。祖父范赞时幼年就聪明颖悟，曾举"神童"，成年后在吴越国秘书监任职，掌管皇室图书，汇辑《春秋》及历朝史籍，撰成《资谈录》六十卷行世。《十国春秋》卷八八有传。

太平兴国三年（978），范仲淹之父随吴越王钱俶归宋，先后三次任成德军、武信军（遂宁府，治所在今四川省遂宁市）、武宁军（徐州，治所在今江苏省徐州市）掌书记。淳化元年（990），范仲淹两岁，父亲范墉染疾病亡，范氏家道中衰，年仅六岁的仲温由族人带回苏州抚养。谢氏贫苦无依，迫于生计，只得带着年幼的仲淹改嫁淄州长山（今山东邹平）人朱文瀚。朱文瀚曾任澧州安乡（今湖南安乡）知县，终官淄州长山县令。小仲淹也颇得继父的喜爱，改从其姓，取名朱说，在继父的养育训导下长大成人。直到天禧元年（1017），朱说才上《奏请归宗复姓表》，重新改名范仲淹。

少有大节

范仲淹少有大节，曾与母亲一起跟随继父宦游湖南安乡、淄州、长山等地，择清幽之室，寒暑勤读，刻苦砥砺，孜孜不倦地学习，这也为教育史话留下了"不为良相便为良医""划粥断齑"等立志苦读的佳话。后来人去留名，安乡、长山等地的父老乡亲为了纪念仲淹，激励乡人求学，曾建有范文正公读书台。宋后因范仲淹久享盛名，"书台夜雨"也成为安乡著名的八大景观之一。任友龙《澧州范文正公读书堂记》、王仁《重修范文正公书台记》、韩泽《淄州长山县建范文正公祠堂记》等文对范仲淹少年时期的读书情况都有较为详尽的记述，兹不赘述。山海川泽所孕育的乡土亲情，养育了少年仲淹热爱祖国的博大胸怀；几千年的经籍典章所蕴含的智慧光辉，成就了少年仲淹报效国家的韬略和才能。

范仲淹在长山醴泉寺苦读之际，时常感到独学无友，孤陋寡闻，于是两次外出游学。景德三年（1006），十八岁的范仲淹曾与广宣大师、王洙等交游，中年后曾写《赠广宣大师》诗云："忆昔同游紫阁云，别来三十二回春。白头相见双林下，犹是清朝未退人。"大中祥符元年（1008），他又从山东长山远赴长安（今陕西西安）游学半年，寻师访友，增长见识。他在关中结识了隐士王镐，在其别墅"倚高松，听长笛"，饱览名山大川，缅怀大唐盛世。后来又认识了道士周德宝和屈元应。周精于篆刻，屈对《易》有研究，且都琴艺高超。他们一起读《易》抚琴，"相与啸傲于鄠、杜之间"。关中游学期间，正值陕西大旱，范仲淹一路上目睹老百姓因灾情严重而饿死病死的惨状，深切感受到社会的黑暗与腐败、民间的苦难与不平，增强了他救民于水火的使命感和责任感。两次游学的经历，使他不仅结识了众多良师益友，汲取了儒学与佛、道教义，拓宽了视野，而且目睹了时艰民难，坚定了忧国忧民的远大志向。

大中祥符三年，范仲淹经过长途跋涉，终于来到仰慕已久的南京（应天府，今河南商丘）应天书院求学。应天书院即睢阳学舍，为宋代四大书院之一。宋初著名教育家戚同文在这里聚徒讲学。戚同文，字文约，一作文均，宋州楚邱（今山东曹县）人，出身儒学世家，幼孤，与祖母一起就养于外曾祖父家，侍祖母以孝闻。因身处兵荒马乱、战火纷纷的五代，渴望天下统一，故取名为同文。他平素乐善厚施，周济乡邻，不营产业。后来又师从当地名儒杨悫，立志向学，勤奋攻读，学成不仕，在赵直将军的资助下，兴办学校，招收门徒，乐育天下英才。他学养深厚，教育有方，门徒登第者甚多，故睢阳学舍在当时声名远播。戚同文去世后，睢阳学舍曾一度中断。

宋真宗时应天府富商曹诚为光复睢阳学舍，捐巨资在戚氏旧居旁新建学舍一百五十间，聚书一千五百余卷，并愿将学舍入官，宋真宗赐额"应天书院"，邀请戚同文之孙奉礼郎戚舜宾主教。当范仲淹前来求学时，应天书院无论在学校硬件建设还是在师资力量等方面都已颇具规模。这里聚集了许多志操才智俱佳的师生。范仲淹在这里读书，既有名师可以请教，又有许多同学互相切磋，还有大量的书籍可供阅览，况且学院免费就学，更是经济拮据的他求之不得的。

范仲淹安贫乐道，勤奋学习，有点像孔子的贤徒颜回：一碗饭、一瓢水，在陋巷，他人叫苦连天，颜回却不改其乐。五载苦读，范仲淹几乎没有从容解衣就寝，舒舒服服睡过一觉，更没有吃过一顿饱饭。每当深夜读书困倦时，就用冷水洗面，清醒头脑，继续苦读。从春至夏，经秋历冬；凌晨舞一通剑，夜半和衣而眠。别人看花赏月，他却在六经中流连忘返，偶然诗兴大发，也吟哦抒怀："白云无赖帝乡遥，汉苑谁人奏洞箫？多难未应歌凤鸟，薄才犹可赋鹪鹩。瓢思颜子心还乐，琴遇钟君恨即销。但使斯文天未丧，涧松何必怨山苗？"他以先贤颜回自夸，人不堪其忧而己不改其乐，唯祈欣逢知音，总有行道之日。可见，他在身处困境求学之时，仍能超然于富贵贫穷、欢喜悲哀、称赞诋毁诸等烦恼之外。书院的开山祖戚同文所倡导的贫贱不屈、刻苦治学的师风、学风铸就了范仲淹的外刚内和、坚强不屈的性格，故他常常执拗于自己的认识和选择，死生不惧，无怨无悔。

二、从政地方

学而优则仕，仕而优则学，是中国传统知识分子的理想人生。历经数年苦读生涯，范仲淹不仅对儒家经典的主旨已堪称大通，而且磨砺了一身傲然不屈的金石之操，这些都为其入仕后清廉自律和勤政爱民打下了深厚的生活根基。大中祥符八年（1015），满腹经纶的范仲淹进士及第。是科状元为蔡齐，进士及第者一百九十七人，另有一百五十五人诸科及第或赐同进士出身。此时，这位久经磨难、饱读诗书的青年，终于有了用武之地。他"居庙堂之高则忧其民，处江湖之远则忧其君"，在最初入仕十余年，一直担任地方上的小官吏，每到一地总是踏踏实实地做一些有利于国计民生的事，并且干得很有成就。

愤书屏风

大中祥符九年，范仲淹被任命为广德军（治今安徽广德）司理参军，是掌管讼狱、审理案件的官员，从九品。从此开始了近四十年的政治生涯。他在任命下达后，就连夜兼程赶回长山，迎接母亲赡养。范仲淹在任期间坚持原则，依法办案，执法公平，深得民心。他经常手持刑狱案卷，与上司争论是非曲直。上司辩不过，往往仗势压人，甚至对他大发雷霆之怒。他则不卑不亢，据理力争，从不轻易屈服，办完公事回住所后，还要把争论的内容原原本本地记在屋内的屏风上。离职时，屏风就写得满满的。后人曾在司理院厅之东南建范公亭，纪念他的廉正。熙宁四年（1071），孙觉知广德，有《题范公堂》诗，绘声绘色，声情并茂地记载这件事，表达了对前贤的敬仰之情。

广德地方偏僻，地貌崎岖不平，文化闭塞落后，范仲淹到任不久，就在治所北面建立州学，延请名师学者前来授课，有力地推动了地方的教育文化事业。后来屡有士子经科举考试获取功名，受益匪浅。南宋初洪兴祖仕宦于此，为感念范仲淹首创郡学，倡导文化之功，特意在州学内悬挂他的画像，让地方学子世代祭祀。

天禧元年（1017），范仲淹升任文林郎权集庆军（在今安徽亳州）节度推官，是掌勘刑狱的幕职官，从八品。作为薪俸微薄的下级官员，他两袖清风，离任之际身无长物，只能把仅有的一匹马卖了做盘缠回家。此时，范仲淹奉母命上书皇帝，在《奏请归宗复姓表》中说明了姓朱的最初苦衷："志在投秦，入境遂称于张禄；名非霸越，乘舟偶效于陶朱。"他博征善用，委婉巧妙地征引范雎入秦改名张禄，范蠡离越去陶改换朱姓的典故说明改名换姓的原因，请求皇帝批准他恢复姓范。皇帝同意后，他才重新改名范仲淹，字希文。天禧二年，他曾漫游燕赵之地，写下了豪情壮志的《河朔吟》，表达了报效祖国，守疆安边的凌云壮志。范仲淹在亳州任幕职官四年多，与知州上官佖、谯郡通判杨日严等结下了深厚的情谊。

上书执政

天禧五年，范仲淹被调往泰州海陵西溪镇（今江苏东台附近），做盐仓监官，掌管盐税。北宋时，食盐和冶铁由官府专营，在朝廷设有盐铁院，主官为盐铁使。泰州产海盐，境内的西溪镇设有盐仓。盐仓监官的主要职责是负责监管淮盐收集、发运、管理工作。仲淹因西溪镇濒临黄海之滨，偏僻荒凉，难图长进，故而向往京师，渴望能够受到器重，一展雄才。

乾兴元年（1022），宋真宗驾崩，年幼的仁宗即位，由正值盛年的刘太后垂帘听政，权理军国要务。十二月，范仲淹给尚书右丞、枢密副使张知白写信，在《上张右丞书》中自许已粗闻圣人之道，熟知农业、司法、政治教化及经济之治，希望能够得到张知白的赏识提拔，以倾平生所学，作出一番兼济天下、泽被后世的不朽功业。然而，此次毛遂自荐式的告白，却如石沉海底，杳无音信。

天圣二年（1024），范仲淹迁官大理寺丞，仍监西溪盐仓。当时任泰州酒税监官的富言携长子富弼在海陵任职，富弼得以结识仲淹。范仲淹也对这位刻苦好学、才华出众的青年非常赏识，二人一见如故，从此订交，结下了不解之缘。在西溪任职期间，经过同年李纮的介绍，范仲淹与已故参知政事李昌龄的侄女、李昌言长女喜结姻缘。李氏知书达礼，温柔贤惠，夫唱妇随，琴瑟和谐。完婚之后，李氏仍住应天府（今河南商丘），范仲淹将母亲谢氏也送去与李氏一起生活。李氏对婆婆非常孝顺，亲自下厨做饭，竭尽所能服侍，从饮食到起居，都照顾得无微不至，在平静幸福的日子里迎来了长子纯佑的出生。

天圣三年四月，范仲淹结合多年来在地方为官的经验及对国家政事的深入观察和思考，将满腔报国之志化为《奏上时务书》，上书皇太后、皇帝两宫，陈述改革时务的思想。主要包括以下几个方面：一，救文弊以厚风化；二，修武备以御外患；三，慎三馆之选以养将相之材；四，奖台谏以开言路；

五，止赏延以清仕路等。范仲淹在奏章中——指出当时社会所存在的种种弊端，提出切实可行的补救措施。尤其是指责宋廷武备废弛而不修、官吏冗滥而不汰的痼疾，都切中要害，入木三分。这也是为后来的庆历新政张本。范仲淹在举国上下文恬武嬉，安享太平之际，已经敏锐地觉察到歌舞升平背后潜伏着的社会危机，主张皇太后、皇帝日崇圣德，教化天下，居安思危，防微杜渐，表现出一个政治家深谋远虑的眼光和先忧后乐的爱国赤诚。遗憾的是他位卑言轻，这封奏书也如滴水入海，无影无踪，翻不起任何浪花。

筑捍海堤

远忧不及，近忧可行。范仲淹自上任以来，了解到泰州（今属江苏）及楚州（今江苏淮安）、通州（今江苏南通）、海州（今江苏连云港西南）各州，因濒临东海，时常受到海潮的侵袭，而唐时所建捍海堤年久失修，不仅盐场亭灶失去屏障，而且广阔的农田民宅，也多次遭受海潮的威胁。每年秋天海水涨潮时，海涛滚滚袭来，民舍湮没，人畜淹死无数。退潮后，过去的良田都变成了不宜耕种的盐碱地。老百姓无以为生，苦不堪言，只好扶老携幼，背井离乡，外出逃荒。官府盐产与租赋，都蒙受损失，情况十分严重。这件事本来不归范仲淹管，但他乐于解民于倒悬，在多方了解情况后，认为最好的办法便是修复唐时的捍海堰，以绝海潮之患。于是立即上书江淮漕运使张纶，陈述修复海堤利害。张纶赞赏范仲淹的才识，不但采纳了他的建议，而且保举他做兴化令，委派他和滕宗谅一起负责修筑捍海堰。消息传开后，有人表示反对，理由是筑堰之后，堰内积潦将难以排放。所幸张纶精通水利建设，在反复权衡利弊后，坚决予以支持。

天圣三年（1025）深秋，规模巨大的筑堰工程开始了。来自四个州的数万名百姓，在范、滕二人率领下奔赴海滨，全力以赴投入工作中去。但不久便遇上夹雪的暴风，并伴随着一场罕见的暴雨，惊涛骇浪，拍岸而来。大家见状都十分惊恐，相率在风雨泥潦中逃离，已筑起的堤基迅疾被海潮冲毁，还有一百多名猝不及防的百姓被海潮吞噬。范、滕二人却岿然不动，正从容不迫地评论着一段屹立的堤堰。面对灾后满目疮痍的严峻局面，他们一面妥善处理事故现场，一面召集监工谈话，分析情况并说明利害，以安定群众的情绪。

但是，出了这样的重大事故，修堰工程就暂时中断了。那些原先不赞成修堰的人，以及后来因畏难而盲目附和的人，任意夸大事实，制造"堰不可复"的舆论。事情报到京师，朝廷也难以取舍，于是派遣曾经在泰州任职的淮南转运使胡令仪前往调研。范仲淹就此事作了详细的汇报，并陪同胡令仪深入沿海巡视。胡令仪视察后感叹地说："我昔日为海陵知县，知道这里的田地很肥沃，春天耕种，秋天收获，笑歌满野，民多富实。现在芦苇苍茫，一片荒芜，真是太令人悲哀了！"于是表示会全力支持修堰。范仲淹此后曾写有《堰记》一书，总结修堰的实践经验，以惠农田水利建设。

天圣四年，范仲淹调监楚州粮料院。八月，范仲淹的母亲在南京应天府病逝。按北宋的制度，官员若遇父母亡故，一般都要解官居丧三年，是谓丁忧。后来范仲淹在丧母的悲哀中，仍以修堰为念，特意写信给张纶，再三申说此事之利害，请他不要因为自己丁忧离去，而终止这项工程。张纶深为感动，连续三次向朝廷切奏兴筑之利，请求前往兼任泰州知州，总掌斯役。后来在张纶和胡令仪的协同指挥下，全长七八十公里的捍海堰，终于在天圣六年初春建成。堰底阔十二米，堰面阔三米，高四米，雄伟的堤身宛如一道海上长城龙盘虎踞于海滨，抵挡着潮水的涌进，盐场和农田的生产，从此有了保障。往年受灾流亡的数千户百姓，又扶老携幼，返回重建家园。原来一望无际的荒野，又长满了绿油油的庄稼。当年五谷丰登，渔盐各业也复苏兴旺。当地百姓欢欣鼓舞，就为主持完成工程的张纶、胡令仪等人立了生祠。

后人也没有忘记首倡和实际促成者范仲淹。从明代以后，人们即将阜宁至吕四的海堤统称为范公堤，一直延续至今。当初建成的范公堤，在河流穿堤入海处用砖石加以围衬，并在堤内插柳植草，既能保护堤防，又可美化荒凉滩涂，施工技术十分完善。这些措施至今仍在沿用，明代诗人曾以"参差万柳障遥天，翠拂芳堤捍海边"的诗句加以赞颂。

执教母校

范仲淹在守丧期间居住在应天府。南京留守晏殊早闻仲淹通晓经学，尤长于《易》，就邀请他协助戚氏主持应天府学。范仲淹胸怀大志，重视人才培养，怀着对母校无限深情慨然领命。同时还把另一位青年朋友富弼，推荐给晏殊。他在主持学政的短短两年时间内，为应天书院的兴盛作出了很大贡献。

应天书院自戚同文时就以尊师重道著称，声名远扬。仲淹主持时更是不遗余力地整饬校风、学风。桃李不言，下自成蹊。范仲淹躬亲示范，因荐举之恩对晏殊始终以门生尊之，同时对博学多闻、循循善诱的良师极力挽留。一代名儒王洙在应天书院教授期满，仲淹代留守晏殊上书宋仁宗，留王洙继续在应天书院讲学。范仲淹也十分重视对学生的思想品德教育，而且还有完备的理论体系。他的总体要求是要做到黾勉从道。他在日常教学中以儒家经典为主，在教学方法上主张教学相长，教学民主，师生可以相互讨论，以贤者为师，唯真理是从。

范仲淹为了便于工作，搬到学校与学生同吃同住。他制订了一套严格的作息时刻表，按时训导诸生读书，勤劳恭谨，皆有法度。夜晚，还经常深入宿舍，检查和责罚那些不务正业、偷闲嗜睡之人。每当给诸生命题作赋时，他必定先作一篇，以掌握试题难度和着笔重点，使诸生迅速提高写作水平。应天府书院的学风，很快就焕然一新。四方前来就读和专门向范仲淹问业的人，络绎不绝。范仲淹热诚接待这些迢迢而来的学子，不厌其烦地为他们讲授。在授课的同时，经常与学生交流，言传身教，诲人不倦。其后宋人以文学有声名于场屋、朝廷者，多其所教也。在仲淹的影响下，学生们更加注意严谨治学，对经学研究多求本意，很少涉及注疏。

当时有许多穷苦学子前来求学，仲淹经常把薪俸拿出来接济他们，以致家里常窘迫不堪。宋初三先生之一的孙复就是其中一员。孙复（992~1057），字明复，跟仲淹学习，因家贫而辍学。仲淹知晓后不仅资助他，而且还给他安排学职，每月挣三千文赡养母亲，以供家用，使其能安心学习。由此，孙复极为感激，勤奋攻读，最后终于成为"德高天下"的大儒。

按照封建礼制，臣子居孝守丧期间不能上书议论国事。然而仲淹在应天书院辛勤耕耘，为国家培养人才的同时，还不忘国家大事。天圣五年（1027），仲淹向宰执递了一份洋洋万言的《上执政书》，指出朝廷的得失，极言民间利病，并有针对性地提出固邦本、厚民力、重名器、备戎狄、杜奸雄、明国听等治国宏论。另外又对县令郡守的行政才能多次论及，要能均徭役，禁游惰，劝游佛，中刑罚，恤孤寡，为民兴利除弊，等。

这是继真宗时名臣王禹偁（954~1001）、田锡（940~

1004）等以来，最重要的政治改革宣言，不仅是庆历新政时《答手诏条陈十事疏》的蓝图，也直接启迪了后来王安石《上神宗皇帝言事书》的改革思路。仲淹的这份进言虽没收到预期效果，但引起了宰相王曾的注意和赏识。后来范仲淹守孝期满，王曾授意晏殊举荐仲淹为秘书阁校理。可见，这份进言书是范仲淹一生的重要转折点，与他的政治生涯有着极其密切的关系。

在应天书院的执教工作，是范仲淹第一次成功的教育实践。以后他无论到何地任职，都积极兴办教育，为国家培养了大批有用的人才。乃至庆历新政中，首次实施全国各地办公学，普及学校教育，为宋代及我国古代的教育事业的发展作出了重大贡献。同时，他在应天书院期间也初步形成了庆历改革的蓝图，这时期结交的重要人物在他以后仕途和工作上都起到了重要作用。应天书院以其博大、坚毅、豪迈培育了仲淹的经世之才和传世之德。

三、宦海风云

范仲淹进入仕途后在地方任职多年，每到一地就理政务，抚百姓，办学校，荐名师，筑水利，赈灾荒，其功其迹，可歌可泣。而他一旦有机会跻身京官，更是敢于直面积贫积弱、政事日非的严峻现实，大胆地建言献策，干预政治生活，成为时代的弄潮儿。他代表当时的进步力量，与阻碍历史前进的顽固保守势力进行勇敢的斗争，敢于上书言别人之不敢言之政事，不免开罪于皇帝或皇太后。

敦请太后还政

天圣六年（1028）十二月，范仲淹经过晏殊的推荐，调到朝廷担任秘阁校理。秘阁是皇家藏书楼之一，校理是负责藏书的整理和校勘。宋太宗于淳化元年（990）置直阁，以朝官充任；置校理，以京官充任。直阁、校理统一管理阁事。秘阁设在京师宫城的崇文殿中，秘阁校理，实际上属于皇上的文学侍从。在此，不但可以经常见到皇帝，而且能够耳闻不少朝廷机密。对一般宋代官僚来说，只要在这里安分守己，做好本职工作，资历到了，自然会得到提拔，坐至公卿。范仲淹却想着如何利用这难得的机会，为国家兴利除弊。

天圣七年，仁宗年已二十，但朝中各种军政大事，却还由花甲之年的刘太后一手掌控。不久，范仲淹就听说太后要求仁宗率文武百官，在冬至那天为她行跪拜贺寿之礼。他毫不犹豫奏《谏仁宗率百官上皇太后寿疏》，认为天子"有南面之位，无北面之仪"，这种不合礼制，有损君主尊严的要求，"乃开后世弱人主以强母后之渐"，"不可为后世法"，应立即停止，在后宫行家人之礼即可。范仲淹刚来就给朝廷提意见，这可吓坏了晏殊。他匆匆把范仲淹叫去，责备他为何如此轻狂，难道就不怕连累举荐人吗？范仲淹一向敬重晏殊，但这次却寸步不让，他说："我正因为受了您的荐举，才经常担心不能尽职尽责而辜负了您的厚望，让您为我难堪。不料今天因正直的议论而获罪于您。"这一席话，说得晏殊无言答对。回到家中，范仲淹又写了一封情真意切的信给晏殊，详细申辩上疏的动机和认识，他觉得身为朝廷大臣，明明看到不合理的事情也不敢争谏，甘当"逊言逊行"的太平官，眼看着朝廷犯错误，岂不是白拿国家俸禄的蟊蜢之属了吗？

对于刘太后贪恋权位，把宋仁宗当成傀儡一事，朝中大多数人噤若寒蝉。范仲淹却敢冒天下之大不韪，上《乞太后还政疏》，尖锐地批评这种不合理现象，奏请太后撤帘罢政，将大权交还于已经成年的仁宗。有人劝他别这样锋芒毕露，他说："人们都说犯颜直谏会给自己带来祸患，不是明哲保身之计，其实说这种话的人才是最没眼光的。他们不懂得只有朝廷官员直言敢谏，君主才会少犯错误，百姓才能没有怨言。国家政治清明，才能祸患不生，天下太平。这不正是远离祸乱、保身立命的根本大计吗？"当时还有宋绶、滕宗谅、孔道辅、石延年等人也上书促刘太后还政，但朝廷对此默不作答，却相继降下诏令，将言事者外调。范仲淹也被贬为河中府（今山西永济）通判。通判这个官职为宋太祖首设于诸州府，是"通判州事"或"知事通判"的简称，相当于知州的副手，有连署州府公事和监察官吏之权，并享有直接向皇帝上书的权力，为皇帝直接委派。秘阁的僚友送他到城外，大家举酒饯别说："范君此行虽然路途遥远，但是极为光耀啊！"

恳请省费纾民

天圣五年（1027）时寿宁宫遭大火烧光，天圣七年一场雷雨又引发了大火灾，把盖了六年之久，殿房两千六百余间的藏天书的玉清宫化为灰烬。当时，仁宗曾祭族发誓，决不再大兴土木。可是，就在范仲淹通判河中府时，朝廷又要建太乙宫和洪福院，为此，仅木材一项就要河中府供应十万根。山西虽然盛产木材，但每年都要大批运往京城，给当地百姓造成了很大灾难。这次的数量如此之大，百姓肩上的负担会更加沉重。天圣八年，范仲淹上任后，考虑到征木材给当地黎民带来的痛苦，立即上《谏买木修昭应寿宁宫奏》，恳求朝廷罢修寺庙宫院，节省国用，体恤民力，应接受寿宁宫和玉清宫的遭受天灾而毁的沉痛教训，不要再破民财，做出此等违背天意，招致民怨的事情。同时他还上《奏减郡邑以平差役》，请求皇帝对郡县设置过密的地方，适当加以调整合并，减少冗吏，节省开支，以减轻百姓的赋税和差役负担，使他们能安居乐业。这项建议后来成为庆历新政的内容之一，加以推广运用。

四月，范仲淹转官殿中丞。五月，递宰相吕夷简《上时相议制举书》，希望朝廷应抓住恢复制举考试这一机会，充分发挥制举考试的指挥棒作用，促使教育发挥教化引导作用。建议制举考试的内容以六经为先，正史次之，再令考生议论事务，提出对策；从而促使天下的才能之士，都来学习经国济世的本领，重视社会教化，进入圣人之门，成为国家的辅佐人才。在此期间，滕宗谅搜集一千多篇唐代制诰，打算编订成集，计三十卷。他就总集名称问题求教于范仲淹等朋友们。范仲淹就此事与欧静、周骙等同年书信往来，各抒己见，反复讨论，其中不乏真知灼见。这也从一个侧面可以看出他通经致用的学术理念。

天圣九年三月，范仲淹迁太常博士，移通判陈州，乞将磨勘恩泽追赠父母。此行与知陈州的良师益友杨日严共事，颇感欣慰。后来继任陈州的胡则也对仲淹的才能非常赏识，其长子胡楷与仲淹为知交好友。故而范仲淹任职陈州的岁月相对平静美好。三子纯礼继而出生。明道元年（1032），仲淹仍在通判陈州任所。二月，仁宗生母李宸妃亡故。八月，晏殊参知政事。范仲淹一直关心朝廷动向，听说京城屡屡传出内降署官赏赐，深为担忧，亟上奏疏，论内降之弊，提醒朝廷应以唐中宗朝上官婉儿、韦皇后墨敕斜封官事为鉴，千万不可纵容私下卖官鬻爵之风，扰乱朝政。

废后风波

明道二年（1033）三月，垂帘听政的刘太后去世，仁宗得以亲政。四月，范仲淹被召回京师，任右司谏，主要职责是向天子规谏讽谕，隶属于中书省，正七品。李氏也随夫到京师开封居住。范仲淹有了言官的身份，上书言事更无所畏惧了。他上《谏以太妃为太后疏》，反对遵从刘太后遗诰立杨太妃为太后，参决国事。当朝中掀起一股清算刘太后生前擅权的热潮时，他又上《论宜全太后之德疏》，又不忘记提醒仁宗心存感恩，保全刘太后的声誉。总之，范仲淹在调和两宫，恪尽臣道，稳定宋朝政权方面作出很多努力，深得帝后之心。七月，京东和江淮一带大旱，又闹蝗灾，民不聊生，饿殍遍地。为了安定民心，范仲淹奏请仁宗，马上派人前去安抚赈灾，可是仁宗无动于衷，仍在宫中过着奢华的生活。范仲淹十分焦急，冒着触犯天威的风险前往宫中，质问仁宗："如果宫中的人半天不吃饭，那情况会怎样呢？如今有那么多的老百姓已经断粮了，怎么能够不去救济呢？"问得仁宗无话可答，只得派范仲淹前往安抚灾民。范仲淹每到一处就开仓赈济灾民，并禁绝淫祠，请求免除灾区的茶役和盐赋。他为了劝诫随意挥霍百姓膏脂的皇室宗亲，上《封进草子乞抑奢侈奏》，将饥民吃的乌昧草献上，请求仁宗转交给六宫妃嫔及贵戚们传看，让她们了解民间疾苦，节俭用度，收敛奢欲之心。又乞奏以通州吴遵路的救灾事迹通报诸郡为法，请求追恤含冤自杀的前知卫真（今河南鹿邑）县事黎德润。范仲淹在江浙赈灾一行中，目睹盐法之弊，强烈呼吁废除政府专卖，实行盐法通商。他还奏请将各县服役凡满七周年的弓手放归务农，朝廷从之。这是他在洞察时弊基础上悟出的兵农合一思想的初步实施。

十二月，朝廷又上演了一场废后闹剧。宰相吕夷简当初是靠讨好刘太后起家的。太后一死，他又站出来讲太后的坏话。这种狡诈行径，一度被仁宗的郭皇后揭穿，宰相职务也被罢免。但吕夷简在宫中的关系盘根错节，根深蒂固。不久，他便通过内侍阎文应等重登相位。郭皇后后来因与杨美人、尚美人争宠，误拍仁宗脖颈。吕夷简与阎文应沆瀣一气，借仁宗的家务纠纷，趁机火上浇油，建议仁宗废掉郭后。年少气盛的仁宗在他们的撺掇之下，降诏废后，并按照吕夷简的预谋，明确禁止百官参议此事。范仲淹懂得，这宫廷家务纠纷背后，掩藏着深刻而复杂的政治角逐。他上《谏废郭后奏》，坚决予以反对，仁宗不加理会。于是，他便联络负责纠察的御史中丞孔道辅及台谏等十数人，一起到垂拱殿，请求与仁宗面议。他们伏阁跪求多时，无人理睬。司门官又将殿门砰然掩闭。范仲淹等人手执铜环，叩击金扉，隔门高呼质问："皇后被废，为何不让台谏进言！"大家看无济于事，就商定一策，准备明日早朝之后，将百官统统留下，当众与吕相辩论。

次日凌晨，妻子李氏牵着范仲淹的衣服，再三劝说他勿去招惹祸机。他却头也不回地出门而去。刚走到待漏院，等候上朝，忽听降诏传呼，贬他远窜江外，去做睦州（今浙江桐庐）知州。接着，朝中又派人赶到他家中，催促着要押解他即刻离京上任。孔道辅等人，也或贬或罚，无一幸免。这次到城郊送别的人，已不是很多，但仍有人举杯赞许说："范君此行，愈觉光耀！"

宠辱不惊

在离开谏职去浙江的路上，范仲淹心中并无悔恨，只是略觉不平："重父必重母，正邦先正家。一心回主意，十口向天涯！"有人笑他好似不幸的屈原，他却自认为更像孟轲："分符江外去，人笑似骚人"，"轲意正迂阔，悠然轻万钟"！赴任途中，风浪滔天，几乎有覆舟淮河的危险。范仲淹却不惧不畏，胜似闲庭信步。景祐元年（1034）四月，他到达睦州，体察民情，敦尚教化，施政宽简。他敬慕严子陵的高风亮节，曾前往风景如画的富春江畔，凭吊严子陵钓台，主持修建了严子陵祠堂，撰写了千古名文《桐庐郡严先生祠堂记》，感叹"云山苍苍，江水泱泱，先生之风，山高水长"，对严子陵"使贪夫廉，懦夫立，是有大功于名教"的感召力推崇不已。他流连于严子陵的钓台，盘桓在方干的隐庐，群峰迭起，翠盈轩窗，白云徘徊，终日为伴，虽谪贬千里，依然心旷神怡。睦州小郡，政务清闲，他公务之余与属下一起登山临水，诗文酬唱，潇洒自得，适意自然。他在给老师晏殊的信中感慨地说："春之昼，秋之夕，既清且幽，大得隐者之乐，惟恐逢恩，一日移去。"历来的贬谪者总是希望朝廷早日拔擢，赶快离开放逐之地，而范仲淹却恋恋不舍，乐不思蜀，真是印证了他的话："放心逍遥，任委来往。"

九月，范仲淹由睦州移知苏州，正值当地暴雨成灾，洪水滔天，农田被淹，秋收无望，数万家农户，面临饥饿死亡的威胁。他下车伊始就开始投入救灾工作中去。谚云：苏湖熟，天下足。太湖流域，是北宋的重要粮食产区，但水利不兴，太湖周围农田经常被水淹没，农业生产和百姓的生命受到严重威胁。他在了解灾情，赈济饥民的同时，进行了一系列的水文勘测考察，制订了疏浚五河入海的计划。然后上书朝廷，力排反对兴修水利的言论，建议标本兼治，利用冬闲时间，采取"荒歉之岁，日以五升，召民为役，因而赈济"的办法，组织民工实施这项工程，并且提出由他亲临现场，监督修建。在他的领导下，经过苏州百姓一致努力，终于疏通了太湖周围淤塞的五条河道，导太湖之水注入大海。江南四州素有全国粮仓之称，苏州治水的成功，保证了江南粮食的丰收。范仲淹在这次治水中首创了以工代赈的方法，一举两得，不但妥善地解决了灾民的生活困难问题，而且还巧妙地克服了兴修水利的劳动力难题，为灾后重建打下了基础。他提出的以工代赈之法为我国古代荒政提供了全新的思路，而之后在杭州救灾中的实践更是我国古代荒政史上的里程牌。

范仲淹在苏州任职期间，曾在南园买了一块地，准备盖一所住宅。一天，他请阴阳先生看风水，这位先生巡视一遭后，向范仲淹贺喜道："这是块贵地，今后您家中定有公卿相继出世。"范仲淹听了笑道："我家独占贵地，倒不如让出建郡学，使士人都在此受教育，公卿将相不是更多吗?"不久，范仲淹就在这里建起郡学，亲自聘请学识渊博的人任教，使学堂越办越好，名冠东南。

弹劾权相

由于范仲淹政绩斐然，景祐二年（1035）三月，授天章阁待制，任尚书吏部员外郎，跻身侍从队伍。八月以后，召还京师，判国子监。他到任后一如既往犯颜上谏，大力弹劾恃宠弄权，有毒死郭皇后嫌疑的宦官阎文应，直到这个权宦被外贬为止。又与王曾论荐士。因他言事过切，引起权相吕夷简的不安，遂向皇帝建议让范仲淹权知事务繁剧的开封府（今河南开封），希望借此挫其锐气，耗其精力，使其无暇他顾。若稍出差错，再顺势将他免职。却不料范仲淹在京城大力整顿官僚机构，兴利除弊，把各项工作都安排得井井有条。仅仅几个月，一向繁杂难理的开封府就"肃然称治"。城中流传着一首歌谣："朝廷无忧有范君，京师无事有希文。"

景祐三年正月，范仲淹进呈宋太宗治理京师时所判的案牍，仁宗诏令词臣分类编排，辑成多达七百余卷的狱事汇编，使宋初的司法档案得以保存。范仲淹在处理政务之暇，仍然为朝政忧心不已。当看到宰相吕夷简等大官僚，互相勾结，朋比为奸，广开后门，滥用私人，将亲信党羽安插在重要职位上，使官僚机构中充满了陈腐污浊之气，他就和朝中一批正直的士大夫一起，不断向皇帝进言，提醒仁宗要注意任用贤才，不可委臣下以用人的权力，为百官所图，然而并未引起重视。他就明察暗访，精心绘制了一张"百官图"，呈给皇帝。他指出图中开列的众官升迁情况，或公或私，邪正分明，对宰相用人制度提出尖锐的批评。吕夷简不甘示弱，反讥范仲淹迂腐。范仲淹便连上四章，论斥吕夷简狡诈。又将吕夷简比作汉成帝的宠臣张禹，败坏祖宗家法。老奸巨猾的吕夷简就使出撒手锏，诬蔑范仲淹勾结朋党，离间君臣。范、吕之争的是非曲直，不少局外人都看得分明，仁宗却偏听偏信，倾向吕夷简一边。仁宗这年二十七岁，尚无子嗣。据说范仲淹曾关心过仁宗的继承人问题，或许谈论过立什么皇太弟侄之类的事。这事虽出于对宋廷的至诚和忠直之心，却不免有损仁宗的自尊，加以吕夷简的造谣中伤，范仲淹便被免去待制职衔，贬为饶州（今江西鄱阳）知州，并被禁军抄家，当日逐出京城。余靖、尹洙、欧阳修等人，因为相继替范仲淹鸣不平，也纷纷被流窜边远僻地。蔡襄感愤而作"四贤一不肖"诗，赞范、余、尹、欧阳，直斥循行默言，明哲保身的右司谏高若讷为不肖。文章一出，就传遍天下。台官韩渎为迎合宰相意旨，请求朝廷把范仲淹同党姓名，写成一榜，张挂于朝堂。史称"景祐党争"。从此，朝中正臣夺气，直士咋舌，一片沉寂。

景祐三年五月，范仲淹赴饶州，这次到都门外送范仲淹的亲朋好友，已寥寥无几。但正直的王质，却不惧"朋党"之嫌，扶病载酒而来，并称许"范君此行，尤为光耀！"

泽惠百姓

饶州在鄱阳湖畔。从开封走水路到此，至少要经十几个州县。除扬州外，一路之上竟无人出门接待。范仲淹对此也并不介意，他已经习惯于从京师被贬作地方官了。八月到任，以许国忘家自任，整顿地方政务，全无懈怠。暇时，则捻着花白的髭须，在饶州官舍吟诗："三出青城鬓如丝，斋中潇洒过禅师""世间荣辱何须道，塞上衰翁也自知！"范仲淹自幼多病，近年又患了肺疾。不久，妻子李氏也病死在饶州。在附近做县令的诗友梅尧臣，寄了一首《灵乌赋》给他，并说他在朝中屡次直言，都被当作乌鸦不祥的叫声。愿他今后拴紧舌头，锁住嘴唇，除了吃喝之外，只管翱翔高飞。范仲淹立即回了一首《灵乌赋》说："不管人们怎样厌恶乌鸦的哑哑之声，我却宁鸣而死，不默而生！"饶州盛产鸟嘴茶，充贡已久，当地百姓不堪其扰。范仲淹就立刻上奏朝廷，请求罢免贡茶，为当地百姓减负，惠及饶民几万家。后又奏免已经不产银的德兴银冶场的贡课，为民除弊。

景祐四年（1037），河东东路并州、忻州地区发生地震。朝中正直大臣就借此上疏朝廷，认为范仲淹被贬，言路堵塞，才导致天谴。请求朝廷广开言路，顺应天意。不久，朝廷诏令在"景祐党争"中被贬谪的官员——迁徙近地。朝中一帮小人担心范仲淹论事刚正，返朝后会被仁宗重用，就纷纷进谗言，不遗余力地加以诬陷嫁祸。贤愚不辨、优柔寡断的仁宗信以为真，立即下令将仲淹流窜岭南。幸亏参知政事程琳挺身而出，为仲淹鸣冤辩护，并解释以朋党之罪强加于仲淹，实为诬陷。最终，仁宗解开心结，收回成命。

宝元元年（1038），范仲淹调知润州。经过江西彭泽时，专程拜谒唐代名相狄仁杰祠庙，重新撰写《唐狄梁公碑》，表彰其卓绝的气节和才识。他挥动如椽大笔，表彰前贤，尚友古人，发思古之幽情，抒心中之郁情。到达润州后，又到甘露寺，瞻仰李德裕真堂，见其狭隘简陋，将其迁徙到南楼宽阔敞亮之地，刊刻其本传于旁。他听说钱惟演曾搜辑李德裕遗诗文，中有《浙西述梦诗》，同僚元稹、刘禹锡均有和诗，就撰写《述梦诗序》，为备受非议的"二王八司马"正名翻案，不啻为其异代知音。并将三诗刻石，以示纪念。他又筹建润学，重建清风桥，施惠于民，后人名之曰"范公桥"。仲淹牧润期间，同年好友滕宗谅、魏兼来访，知交相聚，欢天喜地，倾心交谈，真乃人生一大快事！

宝元二年三月，诏令移知越州（今浙江绍兴）。到任后以德化治，在府衙之内淘废井，汲清泉，建清白亭于旁。后人在府治建贤牧亭以祀。这里风景秀丽，政简讼平，范仲淹常常和朋友们一起探名山，访好泉，悠游林中，乐而忘返。同僚孙居中病逝，家境贫寒，儿子年幼，范仲淹深表同情，以官俸百缗相赠，送诗一首："十口相将泛巨川，来时暖热去凄然。关津若要知名姓，便是孤儿寡妇船。"并派衙役护送其灵柩还乡。康定元年（1040）三月，范仲淹被韩琦荐举，投笔从戎，投身抵御西夏的战争，从此天高任鸟飞，海阔凭鱼跃，开创事业之新辉煌。

范仲淹一生几进几退。每谏一次就贬一次，时人称"光"一次。这种主动而强烈的兼济天下的愿望，打破了宋代"以宽厚沉默为德"的官场规则，也受到了世人的充分肯定。相送的人们对于范仲淹的被贬，不仅仅是同情，更多的是赞扬。我们说，这几次被贬光彩之处，正在于范仲淹为使得国家摆脱困境，不顾自身荣辱安危的忧国忧民思想。而亲朋好友的理解和鼓励，慰藉了他那颗受伤的心，增添了他战胜困难的毅力和勇气，坚定了他抗颜直谏、为国分忧的坚定信念。此后无论是西北边境凛冽的寒风，还是京师朝堂改革的惊涛骇浪，都不曾让他退缩害怕。他坚守着自己的信念，在其位，谋其政，忧国忧民，不遗余力。

四、"求民疾于一方，分国忧于千里"的暮年

与民同乐

庆历五年（1045）正月，范仲淹罢参知政事，以资政殿学士出知邠州，兼陕西四路缘边安抚使。富弼罢枢密副使，出知扬州。十一月，范仲淹解四路帅任，上奏朝廷，以给事中改知邓州。庆历六年元月，范仲淹至邓州，本着"求民疾于一方，分国忧于千里"的思想，倡导农桑，减轻刑罚，废除苛税，把邓州治理得政平讼理，百业兴旺，百姓安居乐业，一派欣欣向荣的景象。他重教修文，在州治东南角的百花洲畔兴建花洲书院，并亲自到书院执经讲学，传道授业解惑，书院一时声名远扬，一些外地学子也慕名而来，俊才云集。此举开邓州郡学之端，兴邓州千年之文运。三月，邓人贾黯状元及第，前来拜谒，仲淹以"不欺"二字相勉，体现了他坦荡荡的君子胸怀。七月，四子纯粹出世，乃继室曹氏夫人所生。

范仲淹贬到邓州后，身体很不好。这时，他接到昔日好友滕宗谅从岳州（今湖南岳阳）的来信，请他为重新修竣的岳阳楼作一篇记，并附上《洞庭晚秋图》。范仲淹为了激励遭到贬黜的朋友们，便一口答应了滕宗谅的请求，就在花洲书院里挥毫吮墨，撰写了著名的《岳阳楼记》。他用凝练优美的文字描述了洞庭湖波澜壮阔的四时景色，并且借景抒情，劝勉失意志

士不要因个人的不幸遭遇而忧伤，要"不以物喜，不以己悲"，摆脱个人得失，做到"先天下之忧而忧，后天下之乐而乐"。

孟子云："达则兼济天下，穷则独善其身。"这已成为封建时代许多士大夫的信条。范仲淹写这篇文章的时候正贬官在外，本来可以采取独善其身的态度，落得清闲快乐。可他"处江湖之远"则忧其君，仍以天下为己任。"先天下之忧而忧，后天下之乐而乐"这两句话，概括了他一生所追求的行为准则，反映了他居安思危的忧患意识，更是他一生远大抱负、价值取向、人格精神的真实写照。

文章送到岳州，滕宗谅大为感动，他立即命人刻石。而"先天下之忧而忧，后天下之乐而乐"的名言，更是不胫而走，传诵开来。仁宗闻此，也慨然称颂。庆历七年，已近花甲之年的范仲淹仍知邓州。此时，富弼已贬至青州（今山东益都一带），欧阳修贬滁州（今安徽滁县等地），滕宗谅贬在岳州（今湖南岳阳一带），尹洙则流窜筠州（今江西高安附近），并备受凌辱，身患重病。范仲淹向朝廷申请，把尹洙接到邓州养病。四月，尹洙卒，仲淹营护其丧事。七月，他在邓州营建百花洲成，又修览秀亭，与民同乐。庆历八年正月，诏移知荆南府，邓民请留，仲淹也上表自请留任。二月，复知邓州。

除弊兴利

皇祐元年（1049），范仲淹自春至夏，由邓移杭。路过陈州，拜访晏殊，叙师生情谊。三月，次子纯仁进士及第。七月，范仲淹擢除礼部侍郎，赐凤茶，有谢表。赴杭过苏时，与兄仲温议定，在姑苏创办义庄，以赈宗族。他盛夏至杭州，正赶上江浙一带发生大饥荒，饥民成群，到处逃荒，不少人都饿死在路上。面对严重的灾情，范仲淹万分焦急，他一方面打开官仓，发放救济粮；一方面动员富裕人家卖余粮，捐善款。接着他根据江浙人喜好赛船的特点，积极组织各种形式的比赛，来刺激消费，扩大内需。

除了拉动消费之外，范仲淹又召集寺庙主持和政府部属开会，倡导大家利用荒年物价下跌，工价便宜的有利之机，大兴土木，翻修官署粮仓、寺庙禅房等设施。在范仲淹的动员之下，当地各大寺庙纷纷斥资重修、改建、扩建寺庙，再加上政府投资建设的一些公共设施项目，一时间，整个浙西一带俨然成了一个热火朝天的大工地。范仲淹采用的扩大消费以刺激生产，大办公共工程以增加就业的办法，广开了财源，增加了就业的门路，使饥民谋生有了着落。这既减轻了当地政府的负担，又使得灾民有饭吃，有事做。这种救灾的措施，效果是极明显的。在饥荒肆虐的江浙一带，只有范仲淹治下的杭州一带的经济维持了景气局面，百姓安居，百业兴旺，社会秩序井然有序。

皇祐三年，范仲淹又移任青州（今属山东）。正值青州大旱后的春荒之际，青黄不接，物价飞涨，从河北拥入的灾民住满了城内外，不几天即聚集了六七千人，随时都有引发暴乱的危险。范仲淹看到灾民的惨状，心如刀绞，立即投入救灾工作中去。他先奏请朝廷把军仓中的粮食留足一年军需，其余全部开仓放赈，救济饥民，稳定大局。接着做好调查，根据不同情况，分别予以安置。对那些有家有地的灾民，发给种子和足够的口粮，动员其回家，抓紧农时春播春种；对那些无家无地的灾民，就近安排住处，发给口粮，让他们开荒种田。不到一个月的时间，灾民就各得其所，危机解除了，社会也安定了，青州百姓感恩戴德。按照惯例，青州百姓的田赋，要到博州（今山东聊城）缴纳。人们推车挑担往返千里之遥，再加上道路崎岖难行，又要渡过黄河，不但增加了路途花费，甚至年年都有人死在路上。范仲淹知道这一情况后，心里十分不安。于是他派人了解情况后，得知青州粮价高于博州。他便让青州百姓把田赋粮在当地卖掉，把钱交给官府，再由官府派人到博州购粮缴纳田赋。这样百姓不仅节省了钱，还免除了长途运输之苦。青州百姓对范仲淹感激万分，敬重有加。

鞠躬尽瘁

皇祐四年（1052）正月，范仲淹调往颍州（今安徽阜阳）。他坚持扶疾上任，刚赶到徐州，便沉疴不起。五月二十日便溘然长逝，享年六十四岁。这时，范仲淹积蓄已尽。一家人贫病交困，仅借官屋暂栖，略避风雨。可他死前上《遗表》，一言未及家事，遗表恩泽也只字未提。体现了一代名臣鞠躬尽瘁死而后已的风范。幸得知徐州的友人孙沔悉力营护丧事。宋仁宗也亲笔为他的墓碑题词曰"褒贤之碑"，谥文正。

范仲淹死讯传开，朝野上下一致哀痛。名公巨卿们都以祭文等方式表达了哀悼、崇敬之情。生前好友富弼撰写了墓志铭，欧阳修撰写了神道碑。凡是他从政过的地方，老百姓纷纷为他建祠画像。西北甘、凉等地的各少数民族百姓，都成千上百地聚众举哀，连日斋戒，像死去父亲一样痛泣哀悼。根据他的遗愿，遗体没有运回原籍苏州，而是葬在他母亲长眠的地方——洛阳南郊万安山下。范仲淹的遗著有《文集》二十卷，《别集》五卷（今本四卷）；《奏议》十七卷，《政府论事》三卷（今本《奏议》二卷）；《尺牍》五卷（今本三卷）；另有《文集补编》一卷，后汇编为《范文正公集》传世。宣和五年（1123），应大臣宇文虚中的请求，赐庆州文正祠庙额为"忠烈"，过化之邦立祠庙祭祀者有十八处。靖康元年（1126），宋钦宗为了激励国人抗金士气，追封范仲淹为魏国公。

千秋功名

范仲淹一生出将入相，官高位尊，但他清廉刚正，自奉俭朴，并始终以"先忧后乐"为行动准则，自律甚严。他很孝顺，因为母亲在世时家境贫困，未尽奉养之愿，虽然后来生活条件好了，但始终过着极俭朴的生活。家中除了来宾客，一餐不吃两个以上肉菜。妻子儿女的衣食，也仅饱暖而已。二儿子范纯仁结婚时，听说新媳妇将用罗绮制作帐子，仲淹非常不满地说："罗绮岂是用来做帷幔的！我们家素来清俭，不要乱了我的家法！敢将此物带到家里，就在庭中烧掉。"但他乐善好施，对寒士僚属却十分慷慨，多次解囊相助。晚年又拿出多年的积蓄在家乡苏州买了千亩良田，名为"义庄"，用来救济族人。在杭州任官时，家中子弟们知道他有辞官退休的念头，就乘机劝他在洛阳盖私宅，修园圃，做养老之地。范仲淹说："一个人如果有道义之乐，就不在乎外表，何况居室？我已年过六十，所剩时间不多，不担心退下来没地方住。况且士大夫们在洛阳修建的园林很多，谁会阻拦我去游览呢？"

他为官数十载，在朝廷犯颜直谏，不怕因此获罪。他主持了庆历新政，触及北宋的政治、经济、军事制度的各个方面。他每到一地，兴修水利，培养人才，保土安民，政绩斐然，真正做到了为官一任，造福一方。他待人亲热敦厚，乐于替人家办好事，当时的贤士，很多是在他的指导和荐拔下成长起来的。即使是乡野和街巷的平民百姓，也都能叫出他的名字。在他离任时，百姓常常拦住传旨使臣的路，请求朝廷让范仲淹继续留任。他治家甚严，长子纯佑随同父亲一起抵御西夏，屡立战功；次子纯仁，后任宰相；纯礼、纯粹为官也都以清正廉洁著称。

范仲淹的一生，功业彪炳，其道德文章，传颂已久。他被尊为"第一流人物"，当受之无愧。作为一个政治家，不论"居届堂之高"，抑或"处江湖之远"，皆以天下为己任，兴利除弊，直言不讳。作为一名军事家，"浊酒一杯"，离家万里，固守边防，"腹中有数万甲兵"。作为一位文学家，工诗善文，虽无意刻画，却笔底生花，佳句迭出。范仲淹的行动和思想，赢得生前身后数代人的敬仰。金元好问赞范仲淹"其材、其量、其忠，一身而备数器。在朝廷则孔子所谓大臣者，求之千百年间，盖不一二见。"又《四库全书总目》云："仲淹人品事业，卓绝一时，本不借文章以传，而贯通经术，明达政体。凡所论者，一一皆有本之言，固非虚饰词藻者所能，亦非高谈心性者所及。"评价亦不可谓不高。

综上所述，范仲淹之所以能受到如此高的评价，固然与他的业绩密不可分，但更主要的是因为在他身上，集中体现了中国传统士大夫阶层所具有的令人称道的儒家风范。他自幼潜心研读儒学经典，深受儒家思想熏陶，一生"信圣人之书，师古人之行，上诚于君，下诚于民"，晚年在《岳阳楼记》中发出"先天下之忧而忧，后天下之乐而乐"慨叹，这既是他博大胸怀的真实写照，也道出了宋代有理想抱负的儒士心声。范仲淹亦由此成为中国传统士大夫的楷模，受到世人的称赞。

第 2 章

戎马西北

　　范仲淹善将文武之道合二为一，颇具文韬武略。他在地方和朝中是勤政爱民的政治家，在西北边疆又是智谋双全的军事家。他作为宋夏战争中重要的边防将领之一，在敌强我弱宋军连连惨败的劣势下，采取积极防御战略，整改军队，修筑寨堡，开市贸易，团结边境少数民族，瓦解敌人，力争在无战、少战、守战的情况下屈敌国之兵，迫其请和，逐渐形成了以守备为主，和攻为权宜的边防思想。在长期的宋夏战争中，范仲淹三年戍边对于稳定边境局势起到了中流砥柱的作用。当然，也正是宋夏之战造就了这位伟大的军事家。

一、经略陕西

边境告急

　　西夏是 11 世纪初我国党项族贵族在西北地区建立的政权，同辽、宋、金鼎立近三百年之久。宋朝建立之初，西北边界夷汉杂居，友好共处。接近汉界入州城的夷人被称为熟户；居住在深山野岭，横过寇略的夷人被称为生户。这些夷族虽时叛时服，不时入寇，但并不构成严重的祸患。太平兴国七年（982），夏州节度使李继捧将所辖四州之地献给宋朝，并率部分族人入朝，留居京师。宋太宗想趁机铲除党项割据势力，立即派遣官吏治理夏州，并将其族人强制迁往内地。此举引起了以李继迁为首的党项贵族的激愤，遂号召部落成员奋起抵抗，双方持续交战二十余年。夏人多次打败宋军，不断向四周扩张，占领今甘肃大部、宁夏全部、陕西北部和青海、内蒙的部分地区。李继迁死后，其子李德明继位。景德三年（1006），宋夏达成和议。宋朝承认西夏在领地方面的既得利益，授予李德明定难军节度使、西平王的名号，每年赐银、绢一万两、匹，钱三万贯、茶二万斤。宋夏边境趋于和平，保持贸易，友好往来，各自休养生息三十余年。西夏在李德明苦心经营下，军事、经济实力都大幅度增长。而与此相反的是宋朝的军事实力却每况愈下。

宋朝是通过军事政变建立的，国初对军队十分重视，但随着统治的稳定，便逐渐采取了重文轻武的政策。宋太宗以后，更大力标榜文治，重文轻武便成为一种社会风气。武官的社会地位较低，进士出身的文官，一般三年即可磨勘升一级，而武官则为五年。士兵的社会地位更低，服兵役时脸上要刺字，有的还被分配到各级官府打杂。因此，一般人都不愿充任武职，更不愿当兵。自从宋太祖"杯酒释兵权"以来，采取"守内虚外"政策，因而边防废弛，再加以兵将分离，缺乏训练，国家武备大为削弱，对外战争一再失败。宋与辽、夏和议之后，边境宴安，高枕无忧，宋朝君臣更是在歌舞升平中忘记了心腹大患，防务空虚，兵士孱弱，战备能力极弱。既不能有效地抗击辽夏的侵扰，又无力镇压农民起义，内忧外患十分严重。虽然有像范仲淹这样远见之臣多次呼吁朝廷文武并重，培育将才，修整武备，夯实边防，但并没有引起朝廷的注意。

明道元年（1032），李德明死，其子李元昊继位。元昊文武兼备，多才多艺，精通蕃汉语言，喜读汉文的法律和兵书，善于绘画，是一位颇具雄才大略的少数民族首领。他不满足于现状，想要立国称帝。于是在亲政后先更改姓名、服饰，仿照汉字创制了西夏文字，以突出党项的民族意识和特点。接着开始效仿宋朝的政治制度建立官制、兵制和法律制度，从政治军事到思想文化领域进行了一系列大刀阔斧的改革，国力得到了进一步的增强。他击败西边的回鹘，夺取了水草丰美的河西之地，为和宋朝分庭抗礼暗中积蓄力量。景祐元年（1034），元昊开始向北联合辽国，出兵侵袭宋朝边境，并暗中派人刺探宋朝的政治、经济、军事等情报。

宝元元年（1038）十月，踌躇满志的李元昊正式称帝，国号大夏，自称"始文英武兴法建礼仁孝皇帝"，改大庆二年（1038）为天授礼法延祚元年，并派遣使臣上表北宋。消息传来，宋朝举国上下震撼不已。朝廷内有的主攻，有的主守，吵成一团，宋仁宗也举棋不定，莫衷一是。宋朝边境上就更狼狈了，因久无战事，边防不修，士卒未经战阵，将士安享朝廷奉养，饱于衣食，连基本的军事素养都不具备。步兵携带武器口粮，走几十里地就气喘吁吁，骑兵中有的不会披甲上马，射出的箭在马前一二十步就落了地。带兵将帅也多是皇亲国戚，根本不懂军事，再加上将领更换频繁，军纪松弛。宋军以如此衰弱的战斗力如何面对精心准备、来势凶猛的西夏军队？两军的优劣、战争的胜负，都是一目了然、可以预见的。然而，宋廷却以泱泱宗国自居，并没有意识到双方军事实力所存在的差距。经过反复廷议，一致认为党项是边陲小族，实力有限，是不可能真正与中央朝廷对抗的。所以，宋廷也就不能接受西夏的"独立"，强硬的态度渐渐为朝野所认可。

初战惨败

宋朝与辽夏相邻的边境防线以横山为界，长达两千余里，分布着陕西、河东两大军区，陕西沿边又细划为秦凤、环庆、泾原、鄜延四路。元昊称帝后不久，宋仁宗立即命令三司使户部尚书夏竦知永兴军（今陕西西安），兼本路都部署，泾原、秦凤路安抚使。资政殿学士吏部侍郎范雍知延州（今陕西延安）。由他们二人负责筹划西北防务。宝元二年二月又废除了保安军榷场，禁绝与西夏互市。六月，宋仁宗下诏削夺元昊的一切官爵，撤销所赐国姓，并且对西夏实施经济制裁。朝廷明诏边疆有能捕捉元昊派遣的刺探者，赏钱十万。

宋夏战争一触即发。夏竦作为西北边防总负责人，颇具谋略才能，他上疏朝廷，针对敌我主客观形势作了较为翔实周密的分析，建议整顿边务，加固城池营垒，作长期防御准备，反对宋军深入夏国征讨。并条陈十事：一，教习强弩以为奇兵；二，羁縻属羌以为藩篱；三，诏唃厮啰父子并力破贼；四，度地形险易远近，砦栅多少，军士勇怯，而增减屯兵；五，诏诸路互相应援；六，募土人为兵，州各一二千人，以代东兵；七，增置弓手、壮丁、猎户以备城守；八，并边小砦，毋积刍粮，贼攻急，则弃小砦入保大砦，以完兵力；九，关中民坐累若过误者，许人入粟赎罪，铜一斤为粟五斗，以赡边计；十，损并边冗兵、冗官及减骑军，以舒馈运。这十条多为切实可行之言，可惜朝中不少大臣却刚愎自用，不切实际，幻想着能一举歼灭夏国，听不进去任何貌似示弱的防御战略。

七月，夏竦改知泾州，兼泾原路秦凤路缘边经略安抚使、泾原路（西北军事区划之一，治所在今甘肃平凉）都部署，主管泾原路军事。范雍仍知延州，兼鄜延路（西北军事区划之一，治所在今延安）环庆路缘边经略安抚使、鄜延路都部署，负责鄜延路防务。西夏经过元昊父子长期的精心备战，兵强马壮，众志成城，而宋朝的防务废弛，毫无章法，只是将三四十万大军分散驻守在数千里的战线上，互不联络，如一盘散沙。胜负未战即知分晓。

康定元年（1040）正月，元昊大军进逼延州。延州一带地阔寨疏，兵力薄弱，又是夏军出入的必经之地，元昊早就想拔掉这颗钉子。知延州范雍并无军事韬略，得知这一消息后，赶紧上报朝廷，请求增兵援助。同时，元昊派部属向范雍诈降，传递虚假情报，范雍居然深信不疑，延州方面遂不再作军事防备。元昊趁机率大军发起突然袭击，首先攻占延州西北面的金明寨，活捉素有"铁壁相公"之称的李士彬父子。接着连续攻破安远、塞门、永平诸寨，兵临延州城下。范雍紧闭城门，坚守延州，且急调刘平、石元孙、黄德和等率部众万余人增援。刘平轻敌冒进，被夏人引入延州附近的三川口（今延安市西北）预设埋伏区，陷入西夏军队的重重包围之中。宋军力战无法突围，黄德和率后军首先溃逃，宋军全线崩溃，刘平和石元孙都被俘获。这一战，伤亡惨重，震惊朝野，史称"三川口之战"。西夏军队围困延州七日七夜，范雍束手无策，只会躲在城中祷告神佛保佑。幸亏这时天空下起了纷纷扬扬的鹅毛大雪，元昊怕被风雪困住，匆忙撤兵而去，延州孤堡才未陷落。

亲临前线

西北边境告急，朝廷追究范雍败军之罪，将其降职贬谪安州（今湖北安陆）。五月，宋仁宗任命夏竦为陕西经略安抚招讨使，全面统筹边防，又派韩琦安抚陕西。韩琦到任后又向朝廷推荐范仲淹。康定元年三月，范仲淹复官天章阁待制，知永兴军；四月，旋改命擢刑部员外郎、兼侍御史知杂、陕西都转运使。五月，在众望所归之下，宋廷又迁范仲淹为龙图阁直学士，与韩琦一同任命为陕西经略安抚副使、同管勾都部署司事，分别负责鄜延路和泾原路的军事防务。同时，朝中枢密院的人事也有所调整，晏殊、宋绶同时调知枢密院事，出掌军政，废除了臭名昭著的内臣监军制度，不以阵图授诸将，给边将以灵活指挥的权力。

范仲淹进京面圣后，便赶赴西北。仕途的艰辛使他早已霜染鬓发，但是忠心报国的热忱却丝毫不减当年。当他风尘仆仆来到处境最险恶的延州时，呈现在眼前的是战争给边民带来的沉重灾难，到处是断壁残垣，茅屋草舍变为废墟。百姓死的死，逃的逃，少数留下的也是无衣无食，有家难回。他自请代张存兼知延州，发誓要像当年东汉的窦宪击破匈奴，登燕然山勒石纪功那样建功立业，保卫边疆，让百姓安居乐业。一连数日，范仲淹马不停蹄地视察鄜延一带地形和边防守备，广泛听取守边将士的意见。视察归来，便废寝忘食地谋划抵御西夏的战略决策。

他先全面认真地检阅了延州的军队，淘汰了一批怯懦无能的将校，选拔了一批经过战争考验的有才干的人代替他们，筛选了一万八千名精兵，分作六队，每队各三千人，分派六位都监统率。对这些选择出来的精兵，每个将领又进行了严格的军事训练，这样分工明白，责任清楚，改变了过去兵将不相识的状况，调动了将士的积极性，大大增强了宋军的战斗力。如果有敌军入侵，就根据敌情的不同，调遣他们轮流出阵抗敌，互为犄角，相互照应，成为"将兵法"的先导。

接着，他采纳部下种世衡建议，大力修筑城寨，加强防御，在延州东北二百里古宽州的故垒上筑城。这里地处要冲，右可屏障延州，左可得到山西的粮食，北可以进图银、夏二州。种世衡（985~1045），字仲平，洛阳（今属河南）人，少不事科举，因叔父荫补做监主簿。重气节，有才略，善抚士卒，赏罚严明，招抚羌人，筑城安边，军队所到之处，秋毫无犯，极得人心。后来他巧施离间计，除去元昊的心腹大将野利旺荣、野利遇乞兄弟，为宋王朝立下了赫赫战功，成为一代名将。在范仲淹的支持下，种世衡率兵前去筑城，夏兵来争，种世衡就一边作战一边抢修。城内缺乏水源，他出重金奖励凿井，终于从地下一百五十尺处冒出了清泉，于是取名为清涧城。种世衡又大兴营田，一年收获粮食近万石，补充了军粮；又募商贾通贸易，经济上逐渐充实起来。同时，鼓励军队练武习射，把银钱当靶心，谁射中就赏谁，自此人人能射，终于使清涧城成为延州北面一个坚固的军事要塞。

此后，范仲淹就将清涧城修筑成功的经验大力推广，积极召还延州流亡的边民，修边寨，拓营田，通贸易，大力发展地方经济，使其安居乐业。在他和后任庞籍的不断努力下，鄜延一路不仅修筑了一批新的军事据点，还修复承平、永平等旧寨十二处，召募附近逃亡的数万户蕃汉人家，开辟营田数千顷，农业生产得以正常运作，物资供应也随之好转。范仲淹还从本地百姓中招募土兵进行训练，这些土兵熟悉地形，又因保卫家乡，强悍敢战。经过他的整顿训练，军队面貌一新，应变能力和作战能力大大提高。范仲淹这些做法，很快就在西北前线其他军事防区得以推广。同时，他派遣经过整顿训练的军队，在延州周边主动出战，落实"以攻为守"的策略，使外围军事防线整体上得以加强。夏军便私下告诫："勿以延州为意，今小范老子（范仲淹）腹中自有数万兵甲，不比大范老子（范雍）可欺也。"

御夏方针

经过韩琦、范仲淹等人的大力整顿，西北防务大大有所改观，但宋廷的御夏方针还迟迟未定。边将内部也意见各异。韩琦、尹洙主战，夏竦、范仲淹主守。当时的情形是宋将全国禁军主力集于京师，驻防内地要冲地带，边境地区只驻扎少量用于守御的部队，削弱了国防力量。而西夏正处于全盛时期，其国力、军力均呈上升趋势，军事战略上居于主动地位。加上元昊惯用声东击西，集中优势兵力，诱敌深入，设伏聚歼的战术，充分发挥了夏军的优势。宋军经过调整、增募，虽在数量上占优势，但是在官兵、战阵、后勤及防御工事等方面都颇多弊端，如不改革军队体制，并采取严密的战略防御，实难扭转战局。加上西夏境内山川险恶，沙漠广袤，其都城又远在黄河以北的兴庆府。宋若兴兵深入，粮草辎重的运输，绵延千里，易遭敌骑截击，一旦粮饷接济不上，就有被歼灭的危险，故不宜采取深入敌境大举进攻的方针。但是西夏经济力量薄弱，粮食不足，绢帛、瓷器、茶叶等都需从宋朝输入，这又是它的致命弱点。只要宋军实行坚壁清野的政策，努力修固边城，进行经济封锁，同时精练士卒，在夏军大举进攻时，扼险坚守，使其无隙可乘，锋芒受挫，而西夏穷兵黩武，常无功而返，经济就会贫乏，军队的斗志也会逐渐消失，到那时就可迫其讲和了。

基于以上认识，范仲淹上疏建议朝廷"以和议为权宜，以战守为实事"，避开敌人锋芒，集中优势兵力，浅攻为主，减少战争给百姓带来的危害。这是范仲淹在准确分析敌我政治、经济、军事形势之后，提出的一整套符合客观情况的明智之策，但却被不少人认为是怯懦的表现，就连与范仲淹交情很深的韩琦也不能理解。他低估了西夏军优势，并激于屡受侵扰的义愤，认为宋军拥二十万重兵，只守界濠，这么怯弱，自古未有，长此以往，士气都要丧失光了。况且兴师以来耗资太大，再拖延下去，国家经费更加困难，故应该集中各路兵力攻打西夏。求胜心切的宋仁宗在与两府大臣反复讨论后，采纳韩琦的建议，决定在庆历元年（1041）正月向西夏发动全面进攻，以期达到速战速决的目的。

对此，原来还坚持守策的夏竦也为了迎合朝廷，违背初衷，转而支持战策。范仲淹连上《论夏贼未宜进讨》《谏深入讨伐西夏奏》《论不可乘盛怒进兵奏》等，坚决反对，然而却势单力薄，无人响应，最后他只好请求留下鄜延一路按兵不动，作为将来招纳西夏之用。

好水川之战

庆历元年正月，陕西主帅夏竦派尹洙去延州说服范仲淹出兵。仲淹仍然执意不肯。尹洙见他坚持己见，不禁叹息道："范公这就不如韩公了，韩公曾说过'大凡用兵，当置胜败于度处'。"仲淹一听，立即反驳道："大军一动，关系数万人性命，怎么可以置胜负于度外呢？今不敢苟同。"恰在此时，韩琦听说元昊率十万大军进攻渭州（今甘肃平凉），直逼怀远城（今宁夏固原西），便贸然决定泾原一路自行出讨，在镇戎军（今宁夏固原县）集合军队数万，又临时召募了一千八百名壮士，全部交给副将任福率领。出兵后，任福及诸将轻敌贪功，被一小股佯装败退的夏军引诱，脱离了原定的行军路线，深入追击。当行至六盘山南麓的好水川口时，已人困马乏，突然鼓角声大作，伏兵四起，宋军陷入元昊的埋伏圈内。经过一场血战，任福等诸将战死，死伤万余人，仅千余人力战逃脱。宋军大败而返，在半路遇到数千名死者的家属。他们哭喊着亲人的姓名，祈祷亡魂能跟着韩帅归来。韩琦驻马掩泣，痛悔不迭。好水川之战，宋军惨败，举国震动。这次失败说明了韩琦对宋夏战争的战略认识与战术分析上还不够全面和深入。

好水川一战，是由于任福自作主张，违背了韩琦的作战计划而造成的惨剧。但韩琦所任非人，也有不可推卸的责任。虽然夏竦向朝廷上书说明情况，认为战败罪不在韩琦，并以从任福身上找到的韩琦的手令和耿傅的书信为证。但韩琦还是上表自劾，被贬知秦州。好水川的覆败，以数万士兵的鲜血为代价，验证正面进攻策略难以收效，迫使朝廷接受范仲淹的持重守御之策。自此，宋朝从盲目自大又滑向畏敌如虎，一下子丧失了进攻的勇气，采取了退缩防守的策略。西夏骑兵在旷野上打仗，纵横驰骋，机动灵活，具有很大的优势，打攻坚战不是他们的强项，面对躲在坚固的城堡里的宋军，他们无可奈何。元昊知难而退，稍稍有所收敛。

招抚元昊

在好水川战役之前，元昊曾派所俘塞门寨寨主高延德到延州请和。范仲淹接见高延德之后，感到元昊所谓的请和毫无诚意，又没有正式的表章，所以就没有向朝廷汇报此事。但是范仲淹一向主张不断绝和议之路，所以写了《答元昊书》，回顾宋夏交好的历史及和平相处给双方带来的好处，分析战争带来的痛苦，指出继续征战会带来更大的灾难，希望和元昊坐到谈判桌前讨论和议停战事宜。然后派部下韩周带着信和高延德一起去夏国，对元昊进行招纳。

元昊得书之际，正好连胜宋军两仗，气焰非常嚣张，更不把宋放在眼里，作书答复，措辞十分蛮横无理，态度极端傲慢。范仲淹恐有辱朝廷，在夏国使者面前烧毁元昊书信，另录副本，删去不恭敬的话语，送到京城。此举用心良苦，完全是出于顾全大局的考虑，却触犯"人臣无外交"的禁忌，朝中大臣认为范仲淹未经朝廷许可，私自写信给元昊，派使者送往西夏，并焚毁元昊回信，是非常不妥当的。宰相吕夷简趁机撺掇参知政事宋庠弹劾范仲淹有通敌之嫌，其罪当斩。枢密副使杜衍则辩护说范仲淹此举是替朝廷招降，不能以此降罪。范仲淹也上《焚元昊复书奏》加以解释，说刚开始元昊来书求和，有悔过之意，便复信向他宣示朝廷的恩威。后来宋军在好水川战败，元昊气焰嚣张，又来信百般羞辱，言辞中带有极大的侮辱性，如上奏朝廷，会使皇上受辱。撕毁来信，只他一人受辱。后来在杜衍等人的维护下，朝廷对范仲淹作了降职处分，稍示薄责。

积极防御

五月，范仲淹被降职知耀州（今陕西耀县），兼监管勾环庆路部署司事。当时，泾原路的羌族明珠、灭藏、康奴三个部落与西夏关系密切，所以朝廷意图用军事手段来镇压。范仲淹反对用这种方式来解决问题，主张对他们进行安抚，将其诱导发展为固边防御中的积极力量。范仲淹到任后不顾鞍马劳顿，一边修筑城堡，屏障边城，一边安抚属羌，犒赏民众，以示朝廷恩惠。并与酋长订立《与诸羌立条约》，西夏军队入侵，部落老幼皆入守本寨，官府为他们提供粮食，违者罚羊二头。全族不到者，以其首领为人质。

马铺寨是地处西夏腹心的军事要地，与西夏军队控制的金汤、白豹二寨互为犄角。范仲淹极其迅速地密遣儿子范纯佑和少数民族首领赵明占据其地，然后派大军偃旗息鼓随行其后，到达目的地始令筑城。旬日之间大顺城筑成，敌人方才发觉，虽派三万骑兵来争夺，可是为时已晚，被宋军击退。从此，白豹、金汤的敌人再不敢轻举妄动，有力地阻止了西夏对庆阳、环县的进攻。在范仲淹及其后任的努力下，此地又修筑了细腰、胡芦等寨堡，还先后修复了永平、承平等旧寨十二处，打通了各州之间的道路，摆脱了孤立无援的境地，一方有警，各方应援，宋军的防守能力大大加强了。范仲淹又召回附近逃亡的蕃汉人户，开辟营田数千顷，恢复了农业生产。同时招募羌民熟户为弓箭手驻守，分给他们土地，使他们富足。于是原是朝廷忧患的诸羌，成为了御边的有生力量。元昊之兵，数年不敢侵扰环州。后来宋廷又重新把陕西划分为鄜延、环庆、泾原、秦凤四路。分别由韩琦知秦州，王沿知渭州，范仲淹知庆州，庞籍知延州，各兼本路马步军都部署经略安抚边缘招讨使，分区防守，各司其职，负责各路军事。这四个人除王沿外，打防御战都很有经验，他们到任后，修城筑寨，招蕃抚民。特别是范仲淹，深得羌人的爱戴，他们亲切地称呼范仲淹为龙图老子。因为范仲淹曾任龙图阁待制，故有此称呼。

缔结和议

在范、韩等人苦心经营下，边境局势大为改观。宋朝被动挨打的局面扭转了，已经破坏的边防要垒重新又巩固起来。边境上流传着一首歌谣说："军中有一韩（琦），西贼闻之心胆寒，军中有一范（仲淹），西贼闻之惊破胆。"而西夏境内出现了各种危机，由于长期用兵，物资奇缺，物价飞涨，百姓怨声载道，无力战争。西夏军将领中间，也矛盾重重。

庆历三年正月，元昊遣使臣六宅使伊州刺史贺从勖来到延州，向宋提出了言和的要求。对此，朝廷一直争论激烈，反对和议的呼声高涨，仁宗下不了决心。庆历四年十月，时已任枢密副使和参政知事的范仲淹向朝廷上奏，主张在元昊愿意称臣“名体已顺”的前提下，就不必索还已失之地，和西夏缔结和约。这样，双方从庆历三年开始议和，到庆历四年正式达成和议。宋夏重新恢复了和平，西北局势得以转危为安。延州和庆州的百姓，与归附宋朝的羌族百姓，都画了范仲淹的肖像，给他立生祠，来纪念他。

二、宣抚河东

宋辽夏之间的微妙关系

元昊立国称帝后，宋辽夏三国鼎立局面形成，构成微妙复杂的多角关系。早在元昊被立为太子之时，其父李德明为了加快称帝的步伐，孤立宋朝，获得辽的支持，继续同辽结盟，主动为元昊向辽圣宗提出求婚，辽圣宗欣然许诺。但不久，辽圣宗去世，联姻之事暂时被搁置起来。宋天圣九年（1031，辽景福元年）十二月，辽兴宗耶律宗真即位，随即将其姐姐兴平公主嫁给元昊。元昊也因此被封为驸马都尉，晋爵为夏国公、西夏王。但元昊与兴平公主婚后很不和睦。公主生病，元昊不去看望，也不向兴宗报告。兴平公主因忧伤过度，闷闷不乐而死。当辽兴宗得知姐姐因元昊冷落忧愤而死后，十分恼怒，立即派北院承旨耶律庶带了诏书责问元昊，对元昊极为不满。

在夏宋战争中，元昊一直奉行联辽攻宋的方针，因惧怕辽兴宗因兴平公主之事，背夏联宋，南北合兵夹击西夏，尽量讨好辽国。如将截获宋押送冬装俘虏与冬装献给辽国，以便继续维持辽夏结盟的关系。同时，元昊根据盟约互相支持的精神，主动请求兴宗发兵攻宋，以便配合他的军事行动。但此时的辽兴宗已与元昊貌合神离。他表面上答应出兵，实际上只集兵幽州，不再前进，元昊对此极为不满。随着他对宋局部战争的不断胜利，扩张野心急剧膨胀，欲与辽分庭抗礼，导致双方利益关系解体并迅速激化。

庆历三年（1043，夏天授礼法延祚六年，辽重熙十二年）八月，辽境内夹山一带的党项部落岱尔族起兵反抗，辽屡次派兵镇压，不能平定，于是请求元昊出兵协同作战，结果成功地镇压了这次反抗。但辽兴宗却独吞了全部掳获之物，从而进一步加深了元昊对他的怨恨。此后，元昊伺机报复，不断出兵深入辽境，劫掠财物，同时引诱辽境内夹山南部地区的党项部落内附夏国。当辽兴宗得知辽节度使党项人屈烈等叛辽附夏后，立即派遣使者要求元昊归还，却被拒绝。自此，辽夏关系严重恶化。元昊担心一旦与辽开战，西夏将会陷入辽、宋两面夹击的险境，故而派使臣到宋廷求和。

庆历四年五月，辽境内的党项族再一次起兵叛乱。兴宗派辽南面招讨罗汉奴领军镇压，元昊出兵救援，杀死了辽招讨使萧普达等，兴宗大怒，下令调集诸道兵马屯于西南边境，准备讨伐夏国。六月，又遣使告宋，准备讨伐西夏，希望宋不要与夏议和。宋廷左右为难，朝中大臣或明哲保身，不置可否；或建议认真考虑契丹的建议。范仲淹挺身而出，指出契丹与西夏多年来合力共谋，夹攻中原，现在突然为岱尔族部落反目为仇，各集中大军于边境，或许是要耍什么阴谋诡计。建议宋廷一定要防患于未然，急修边备，加强河东路的军事防御，并主动要求前往巡边。虽然富弼料以九事，力证契丹必不攻宋。宋廷为了防患于未然，采纳了范仲淹的意见。

针对西夏求和，范仲淹和晏殊都同意接受。宋廷又担心与夏议和会得罪辽，于是余靖提出实施缓兵之计，"逊词以谢北敌"，"缓词以款西戎"，等到查探清楚双方的真实意图后，再作决定。若辽、夏之间势如水火，则坐山观虎斗，以期达到促成元昊归顺和削弱辽夏的双重目的。范仲淹则始终坚持"以和好为权宜，以战守为实务"的一贯思想，认为只有宋朝国家富强，军事实力大增，边防巩固，才会获得长久的和平。

宣抚河东

庆历四年六月，仁宗任命范仲淹为陕西、河东宣抚使。八月，又任命富弼为河北宣抚使。范仲淹在巡抚河东时，曾力主以兵自随，杜衍坚决反对。他认为辽、夏为岱尔族大动干戈，绝非是要联合攻宋，因此没有必要人为制造紧张气氛。他的判断得到富弼等人的支持。范仲淹启程宣抚河东、陕西，奏请蔡挺为管勾宣抚司机宜文字，郭固随行，教习军事，张挺为随行指使。先后历经绛州（治今山西新绛）、晋州（治今山西临汾）、汾州（治今山西汾阳）、并州（治今山西太原）、忻州（治今山西忻县）、代州（治今山西代县）、宪州（治今山西静乐）、岢岚军（治今山西岢岚）、保德军（治今山西保德）、府州（治今陕西府谷）及火山军（治今山西河曲东南）、麟州（治今陕西神木北）等地。

在这半年的行程中，范仲淹马不停蹄，非常辛苦，每到一处就全面了解当地的民情军备，亲自勘察战略要塞，根据实际情况，除弊兴利，加强防备，敦促修建堡寨，用心经营，寓战于守，巩固边防。如他宣抚代州时，主张增广寨堡，奏请由张亢负责，而经略使明公镐以谋不是出于帅府而极言不可，并屡次发牒命张亢停止修建，但张亢却没有听从经略使的"命令"，而冒着生命危险，执行范仲淹的"安排"，最终完成了修筑任务。

范仲淹在经过实地考察后，赞同欧阳修关于在岢岚军、火山军、宁化军、代州屯兵营田的主张，并奏请朝廷先以岢岚军作为试点，成功后再推广到其他地方。他还弹劾了市私物扰民，偷税漏税的河东转运使刘京，为国除贪，为民去害。

十二月，范仲淹在宣抚陕西时，让知环州种世衡和知原州蒋偕共同抢修细腰城，以断明珠、灭臧交通西夏之路。当时种世衡正卧病在床，但一接到命令，就立即带病坚持工作，带领手下将士，在塞外苦寒之地夜以继日地修筑城堡，一连修了几个月，最后细腰城完工而卒。范仲淹宣抚到麟州时，又发现当地已被西夏洗劫一空的传闻不实，百姓属户今存八分，故及时撤销废除麟州的决议，主张招抚蕃汉百姓，修葺城寨及附近的城堡，使百姓复业。他鉴于当地少数民族聚居，百姓谋生不易，为了搞好民族关系，就下令允许百姓酿酒卖酒，废除专卖。生产发展了，百姓生活改善了，社会也稳定了，对边防也起了很好的作用。

庆历五年正月，仁宗在范仲淹的再三请求下，罢去其参知政事一职，令知邠州并兼陕西四路沿边安抚使。

三、军事思想

宋朝自真宗时已开始衰弱，到仁宗时期，已是天下空虚，武备不修，政令宽弛，赏罚不立，善恶不分，体弱势危，可忧可惧。在军事上既不能有效地抗击辽、夏的侵扰，又无力镇压农民的反抗，内忧外患十分严重。范仲淹在地方、朝中及西北边境都担任过重要官职，并一直都很重视国家的边备。陕西的军旅生涯是他军事思想得以施展的重要机遇，他从维护北宋王朝的统治出发，汲取古代军事中有益于边防的守备进攻之策，逐渐形成了以和议为权宜，以战备为实事的边防思想，并提出了一系列加强边防的军事策略与方针，为北宋及我国古代的边防思想建设，作出了一定的贡献。

攻防兼备，持重守御

范仲淹一贯主张居安思危，积极防御，有备无患，在对待西夏的问题上早就有所顾虑。天圣三年（1025），在上书皇太后时，就提出恢复武举，安不忘危，强国修武的建议。天圣五年，他在丁忧中仍冒哀上书，提出了"固邦本，厚民力，重名器，备戎狄，杜奸雄，明国听"的治国方针。备戎狄就体现了他高瞻远瞩的军事思想。作为一个政治家，范仲淹在陕西防御西夏进攻时，特别注意争取用和平手段来解决国内的民族战争，依靠和团结少数民族，共同反对国内民族之间的掠夺和残杀。庆历元年（1041）正月，范仲淹曾在《答元昊书》中分析战争给双方带来的痛苦，希望通过谈判和平解决。元昊拒绝后，他奏《上攻守二策疏》，先讨论大臣廷议之攻守二策，鉴于西夏所处特殊的地理环境，宋军攻打西夏，时常因孤军深入而困于大河，绝于沙漠。所以他提出打持久的防御战，不赞成冒进深入的进攻战。接着分析宋夏交兵以来屡战屡败的主要原因：一是精兵强将匮乏；二是土兵不用，营田不行，军需不给。针对第一个原因，他提出集中优势兵力，开展小规模的浅攻近攻战役，拔取宋夏交界地带的要塞，据其地修筑城寨，守以士兵，步步为营，打通我军四路通道，以便互相接应援救的解决方案。针对第二个原因，他建议要因地制宜，扬长避短，仿效唐代屯田之法，大力推行营田制度，招募弓手、土兵守边，与家人一起完聚营垒，兵农合一，这样既可以减轻国家的财政负担，又可以免除陕西百姓缴纳赋税时的支移之苦，还增加军队的战斗力和凝聚力。庆历二年正月，又上《再议攻守策》，提出"守策之外，更备攻术"以一郡之收入满足西夏之奢欲及消除兵祸等达成和议之策。这也是对宋太祖欲以攻取十国之财物赎买燕云十六州构想的活学活用。

庆历四年五月，范仲淹和韩琦经过长期强国备武的思考和对宋夏双方客观形势的调查勘探后，逐渐达成共识，他们一同上奏《奏陕西河北和守攻备四策》，形成了"以和好为权宜"，积极防守，伺机进攻的"持重守御"之策，对陕西的和议、防守、进攻三策及河北守备之策进行具体细致的应对，为宋廷提供全面的应对决策。其中《陕西守策》是对长期御夏守边的经验总结，不啻为攻守兼备的万全之策。要点有五：一，要不断修筑完缮沿边寨堡，实施坚壁清野之策；二，多用英勇善战的土兵为长守之计，使其聚家坚守以减少禁军；三，将守边禁军分为三拨，一拨协助土兵守边，一拨移次边就粮，一拨归守京师；四，在缘边无税之地招弓箭手，每一二指挥修一寨堡，使其完家；五，敌寇小至则由熟户蓄兵、弓箭手及诸寨土兵共御；大至则于二旬前必先点集，闻讯再调次边禁军增援。总而言之，宋军只有整顿军队，加强战备，增强军事实力，才能使辽夏不敢轻启兵衅，从而赢得真正意义上的和平。范、韩二人的对夏作战思想，在经过战争实践的考验后，最终得到仁宗和朝中主战派的认可，解决了宋廷长期未能解决的对夏战略路线问题，统一、明确了作战思想。

范、韩等统帅在统一认识后，就在西北边境地势险要之地广筑城堡，加强防守力量，使城池持久可守，并以城寨为据点，伺机反攻。每占领一处，就在那里筑城修寨，训兵营田，徐图进取。攻与守要依具体情况而定，夏兵来得多就守，来得少就打。另外还要充实关内，使敌人无虚可乘。一旦敌寇来犯，则使边城坚壁清野，不与之大战，则敌寇也不敢深入关中。这种"严边实内"，机动灵活，稳扎稳打的防务策略，在当时的情况下，是切实可行和行之有效的。据文献记载，范仲淹在环庆路修建或复筑的城寨就有二三十处。如他在知延州时就在加固城堡的基础上，利用有利时机，派兵夺回塞门等寨，修复金明寨、万安城等，并派遣军队攻破白豹城，迫使已入侵保安（治今陕西志丹）、镇戎军（治今宁夏固原）的西夏军队撤兵。后来又令狄青等攻打西界芦子平，破之。派遣朱观等攻破西夏洪州界的郭壁等十余寨。这些小规模的出击虽对西夏威慑作用不大，但在稳固和增强西线边境防御能力方面卓有成效，有效地抵御了西夏的东侵，使边境形势大为好转，最终迫使西夏于庆历三年请求议和，庆历四年双方达成和议，使北宋西边得到一段时间的安宁。

范仲淹对辽夏联盟以攻宋有清醒的认识，故而在全力抵御西夏时，也不忘记防备辽国。庆历二年，上《乞修京城札子》其一。庆历四年，又上《乞修京城札子》其二，认为四方无事，京师缺乏战略防备，如果朝廷一直因循度日，则赵宋天下深可忧患。像辽、夏这样的游牧民族善于骑射，长于机动灵活的运动战，但是攻城略地，打持久防御战却是他们的弱项。而洛阳、开封、长安等城市具有重要的战略防御地位，不可小觑，故应充分利用这些地方的山川、地形等优势资源，因地制宜营建坚固的城市防御工事，使"四夷不敢生心"。可惜他的深谋远虑却被讥为迂腐，北宋末年金军铁骑长驱直入，京师失守，北宋覆亡，靖康之耻以血的教训验证了范仲淹的军事眼光是多么具有先见之明。

在宋、夏战争中，辽表面上扮演了中间调停的角色，实际上则趁火打劫，要求增加岁币，坐收渔翁之利。范仲淹居安思危，对宋朝河北、河东二路的防务也非常重视。他在《奏陕西河北和守攻备四策》《陕西河北画一利害事状》等奏疏中和韩琦一起提出"密为经略，再议屯兵，专于选将，急于教战，训练义勇，修京师外城，密定讨伐之谋"等防守策略，全方位地进行防备谋划，以为御辽的长久之计。同年又上《奏乞宣谕大臣定河东捍御策》，敦促朝廷加强河东防御体系，务必做到有备无患。

改革兵制，选拔将才

范仲淹为了提高宋军的作战能力，积极练兵，整顿部队，严肃军纪。首先，他致力于改变僵化陈旧的作战方法以提高军队的战斗力。宋朝军队官制有总管、钤辖、都监等级别，总管领兵一万人，钤辖领兵五千人，都监领兵三千人。一旦发生战争，官阶低的先带兵出战。在范仲淹看来，如果打仗不根据实际情况需要选择将领，而只是以官阶的高低作为依据和标准，当然是一种既落后又愚蠢的作战方案，最终只能自取失败罢了。于是，他在全面认真地检阅延州军队的情况下，提拔了一批历经战争考验卓有才干的人，代替那些怯懦无能的将校，共选取一万八千名精兵，分作六队，每队各三千人，分派六位都监统率，各自负责对部下进行严格的军事训练，一举改变了过去兵将不相识的状况。如果有敌军入侵，总管就根据敌情的不同，调遣他们轮流出阵抗敌，互为犄角，相互照应。

其次，范仲淹还认为，要想在战争中取胜，还必须充分调动将领的积极性和指挥作战的主观能动性，给前线的将帅便宜指挥之权。宋朝历代的最高统治者，为了防止"陈桥兵变"的重演，对武将采取种种防范措施，凡将帅在前方打仗，都由皇帝提前制订好作战方略，授以阵图，派遣内臣监督，严格按照皇帝的部署和阵图行动。如有更改，必须报请皇帝批准。这样使前线将帅不能灵活地捕捉战机，指挥作战，处处被动挨打。为此，范仲淹奏请朝廷要让将帅"日练月计，从待其隙，进不俟朝廷之命，退不关有司之责，观变乘胜，如李牧之守边"。只有这样，才能充分发挥将帅的作用，增强军队的战斗力。后来，在范仲淹和其他边臣的一致要求下，朝廷终于部分下放了指挥战争的权力，把陕西划分为四个军区，委任范仲淹、韩琦、王沿、庞籍分任统帅。另外，范仲淹为了应对西夏的骑兵战术，发挥宋军将士审时度势作战的主动性，提出机动灵活的游击战术，要求宋军躲避敌寇精锐之师，以逸待劳，在其困顿时扰之，修整时惊之。他还在《陕西攻策》中建议在宋军中挑选精锐之师组建步兵二万、骑兵三千的机动作战兵团，轮番对横山边界一带主动出击，使敌寇顾此失彼，奔走不暇。

再次，范仲淹戍边三年之所以能御西夏于"国门"之外，最终取得胜利，是与其治军用人思想密不可分的。他非常重视"武材"的选拔，认为将校是军队的核心，将校精悍得力，所带之兵才能勇敢善战。他在没有守边之前，就曾多次上书朝廷，建议恢复武举，在忠孝之门，搜智勇之将才，秘授兵略，历试边任。出任边帅后，他针对将才匮乏的问题，依据自己的"将材标准"，不断发现、选拔、培养大量的军事将领。"事君以忠勤，精忠报国"是他选拔的首要标准。此外为将者还应"智勇兼备"，也就是要求将领在领导、指挥作战时，不但具备理智的分析能力和解决具体事件的机变能力，而且还要在关健时刻能智勇善辨，作出是进、是守的果断决定，并能勇猛地取得相应的胜利。从他上报朝廷的可用一等、二等将佐名单中可以看出，这些精心挑选的将领如种世衡、狄青、王信、范全等人多具备"忠勇敢战""能识机变""性亦沉审""有机智"等军事才能。他们驻守边疆，奋勇杀敌，纷纷成长为一代名将。

最后，他还建议朝廷主管部门，设置武举，培养将才，使臣僚中有学识的人、生员中有好读书的人、认识文字而又机智果敢的将佐军员，读孙、吴之书，知文武之方，以任安边之职。并将选拔培养之人，以籍记之，候本路有阙，则从而授差。这样，数年之后，军官的素质就会大大提高，军队的战斗力也会得到加强。天圣七年（1029），诏置武举；天圣九年，仁宗亲试武举人；康定元年（1040），举行场面宏大的武艺校试活动，中选者多达一百八十余人；庆历三年（1043），正式建立武学，多次举行武举，选拔录取武臣。

严明军纪，体恤将士

军无威不肃，令无威不行。范仲淹治军，恩威并树，号令严明，用人不疑，信赏必罚，使将士都能畏法而爱己。他奖励勇敢杀敌的将士，提拔重用立功将领。他对违法兵将的处罚毫不留情，对犯罪逃亡的士兵，立即追捕斩首；对克扣士兵粮饷的将领或冒占士兵军功为己有的将校，则以军法处死。他对军队进行全面整顿，裁汰老弱病残，选留强壮士卒，重新编制，指派专人负责统率和训练，并且对士卒训练情况进行严格考核，重行赏罚。

西北边疆苦寒，将士生活待遇极差。范仲淹意识到只有保证军资供给，使将士们免除饥饿寒冷之忧，才能有战斗力。为了攻克军需供给难题，他提出屯垦戍边，移兵就食等良策。在日常生活中则是以身作则，身先士卒，与将士同甘共苦。将士没喝上水他从不说渴，将士没吃上饭他从不叫饿。朝廷赏赐给他的金帛，都分发给部下将士。因此，人心悦服，将士用命。当延安新遭兵祸，孤城与敌相接，人心惶惶，朝廷委派长官个个推脱逃避之际，范仲淹却不畏艰险，自告奋勇兼任延安长官。在他的引领示范下，西北军中涌现出许多像狄青、种世衡那样有勇有谋的将领，又训练出一批勇敢善战的士兵，直到北宋末年，这支军队仍是西北的一支劲旅。

严明军纪，同甘共苦虽然是军队奋发进取的必要条件。但在宋代这样重文轻武的特殊社会环境下，给武将一定的人文关怀，提高他们的经济待遇，让他们切身体会到朝廷的重视和认可，必能激发他们保家卫国的战斗热情。范仲淹曾多次上书仁宗，要求奖励边疆立功将士，即使那些在战争中发挥着重要作用的低级将士，也要论功行赏，委以重用。同时，他又非常体恤、爱惜沿边将领，使他们多能为"国家"效死力。例如，内殿崇班刘沪等受四路都部署郑戬节制，往修水洛城，尹洙及狄青反对筑城，将刘沪被枷送司理院治罪。范仲淹听说后立刻上书仁宗，为其开罪。认为修筑水洛城一事利大于弊，且刘沪是边上有名将佐，最有战功，国家须爱惜，不可轻弃，建议从宽处理。最终仁宗下令调离尹洙及狄青，让刘沪完成此役。

范仲淹对沿边将士可谓关护备至、体恤备至，用士大夫那种特有的儒家仁爱之心设身处地地为将士着想。他曾反对朝廷下旨省罢同、解、乾、耀等九州军公使钱，认为公使钱作为将帅赏赐士兵，招待过往使臣的一种补充经费，数量有限，应由将帅灵活掌握，从优开支，以达到激励士气，效命边庭的目的。他还和韩琦一起乞请改武职五年一磨勘为三年，意在体恤激励守边将士奋勇杀敌，建功立业。他经略西北边疆的德政之一是改黥面为刺手、涅臂。宋朝沿袭唐末陋习，为了防止士兵逃亡，往往在士兵脸上刺字涂墨，对士兵来说无疑是一种伤害，许多人逃窜藏匿，不肯就范。范仲淹出于对士兵的人文关怀，对于所部西北籍乡兵，改刺其手，使其退伍后继续务农，而不受人歧视，维护了他们的人格尊严。后来这一办法被朝廷作为一项制度推广沿用，实开一代恩典。

除此之外，范仲淹还在具体军事行动中做到维护部下，不掩其功。宋夏开战之初，若宋军获胜，沿边将帅则独揽军功；一旦战败，则不顾部下死活，推卸责任，有的甚至不惜诬陷部下以自保，这样的事情时有发生。范仲淹到任后，惜将如子，必要时甚至不顾自身安危而维护部下。范仲淹在延州时，非常赏识滕宗谅、张亢的军事才华，后经范仲淹的多次荐举、提拔，两人各得帅一路。庆历三年（1043）九月，监察御史梁坚弹劾滕宗谅在庆州用过公使钱十六万贯，有数万贯不明去处，认为必是宗谅侵欺入己；枢密使则弹奏张亢在边骄僭不公，贪污公款。仁宗为此龙颜大怒，下令将二人下狱惩治。此时范仲淹已身为宰职，不再管理沿边事务。当他听说此事后，不顾"犯颜之诛"和"党庇"之嫌，连上三书，列举了九条"理由"来回驳梁坚等人对二将的弹劾，希望朝廷不要偏听一面之词而妄下论断，应先保留其事任，派可信之人认真调查核实，再行定夺。并说若真如台官所奏，愿与二人同行贬黜。最后，在范仲淹的努力营救下，滕宗谅只降一官，而张亢也没有得到重罚。

团结力量，瓦解敌人

边防并不是单纯的军事防守，而单纯的军事防守往往也达不到真正有效的防御目的。宋夏战争其实是一场民族战争，长期在两国边境蕃汉杂居地域进行。获取沿边各族百姓的支持，是稳定边境形势的一个基本条件。抚绥汉民、"招抚"诸羌，便成为仲淹御边的一大基本政策，也是加强和巩固边防的有效办法。即使对北宋西境的主要威胁西夏，亦主张尽可能地进行招抚。康定元年（1040）十二月，仁宗决计次年正月分路发兵进讨元昊，范仲淹上书请求鄜延路暂不出兵，留道"招抚"之门。范仲淹的"招抚"政策，不但巩固和加强了西陲边防，同时也加强了各民族的交往和团结，特别是加强了羌汉百姓之间的团结，使他们睦邻相处，共同发展，共同繁荣。

北宋时期，陕西沿边居住着许多羌人，宋王朝起初对他们采取了抚绥的政策，其中有部分归服宋朝，组成蕃兵，帮助宋朝守边，被称之为"熟户"。元昊反宋后，羌人熟户由于得不到宋朝的保护，在元昊的武力威胁下，又纷纷归服西夏，成为内侵的先军。因此许多北宋边防统帅，也不时率兵攻入羌人居住地区，杀戮老弱，以取首级，报功请赏，更加激化了羌汉之间的民族矛盾。范仲淹认为，这种做法是十分错误的，对沿边羌人，用兵征讨，徒使边患愈多，只有采取"招抚"政策，才能争取羌人，孤立元昊，促成宋夏战争的和平解决，达到巩固边防的目的。

范仲淹一方面筑堡立寨，切断蕃人与西夏的联系，另一方面竭力招抚他们，犒赏诸羌酋长八百多人，阅人马，立条约，明赏罚。羌族酋长来见，他屏退卫兵，亲自接入内室，推心置腹相谈。羌族酋长送来儿子当人质，他都视若贵宾，出入自由。范仲淹还多次下令给这些受战争损害的羌族百姓拨给空地，并解决种子口粮和耕田牛具等问题，帮助他们恢复生产。同时，允许开放边界，让两边的群众互通贸易，友好往来。凡遇敌人进扰，又令退保城寨，保护他们的生命安全。自此羌族百姓对他心悦诚服，纷纷归附，担任宋军的向导，并出兵助战，有力地支持了宋军。对诸羌"招抚"的成功，对于加强北宋的防御力量，迫使元昊停战和议，都起了积极作用。

推行屯田，招募土兵

西北边防弊病之一是防线过长，范仲淹为了保证西线边防的稳固，行之有效地贯彻"严边实内"的防御战略，修城筑寨，层层设防。以"营田"和"筑城"为两大主要内容。庆历四年（1044），范仲淹在《奏陕西河北攻守等策》中为巩固边防所建八策中有五件事都与修筑经营城堡有关。以范仲淹、韩琦为首的西北边帅及其后继者始终将"筑城"作为御夏的基本思路，在边境要冲修筑了许多的寨堡，将数千里的边防线连在一起，形成一道坚固的人工屏障，捍卫着西北边防。

西北边防弊病之二，是军队所需全部依赖远途输送，这当然不是持久之计。范仲淹总结了以往历代屯田的经验，建议在当地推行屯田制，实行寓兵于农的政策。可在边境城寨招募弓箭手和士兵把守，在城寨附近耕种官田，且耕且战，有事出征，无事务农，闲暇操练。他还建议让那些营田的戍兵移家塞下，共同耕作，使他们和父母妻子一道，分担"营田"劳作，收入部分归个人家庭所有。这样既坚定了士兵的守边之心和斗志，又增强了军队的战斗力，部分地解决了边境驻军的兵饷粮运问题，可谓一举两得。"营田"制度的建立，可以"兵获余羡，中粜于官，人乐其勤，公收其利，则转输之患久可息矣"。这一建议后来被朝廷采纳，在陕西四路设营田使。宋在陕西的屯田，无形中筑起一道人工藩篱，对阻止元昊进兵关中和巩固西线边防，起了极为重要的作用。

西北边防弊病之三是远戍之兵，久而不代，负星霜之苦，怀乡国之望，长此以往，将士离心，士气低落，军无斗志。针对这种情况，范仲淹建议适当招募当地壮丁，建立"土兵"制度。这一制度，与"营田制"亦密切关联。"土兵"又称"乡兵"或"弓箭手"，是从西北百姓中征发的民兵。这些土兵，生长边寨，长于骑射，亦兵亦农。为了保乡卫土，作战勇敢，很快成为对西夏作战中的劲旅，作战能力远远超过了驻防陕西的禁军。在此基础上，范仲淹进一步调动有生力量，组织沿边羌族百姓进行自卫反击，委任其首领为官，由官府发给少量钱物，配合宋朝军队防御边境。这些熟蕃熟悉山川地貌，吃苦耐劳，猛勇善战，将他们从西夏的部队中争取过来，不仅分化瓦解了西夏的有生力量，而且壮大了宋朝的军事实力，改变双方的力量对比，节省了大量的军费开支。

因材施教，知人善用

宋军在边防战争中屡战屡败，损失惨重，一个重要的原因便是将才匮乏，所用非人。北宋军队中不懂兵书、不习阵法的将官为数不少，直接影响了军队的战斗力。范仲淹为了提高他们的指挥能力，主张对现有的军佐武臣进行军事理论教育。他建议拣选三五个颇通文墨，机智勇敢，堪任将才的军官将佐，令经略部署司参谋官员等，密与讲说兵阵，讨论胜策，使武勇已著之人更知将略，或因而立功，则将来有人可任。这种在有军事实践经验的在职将佐中加强军事理论学习的办法，无疑是培养军事指挥人才的一条行之有效的捷径。如鄜延路署司指挥狄青，出身行伍，不通文墨，陕西路略判官尹洙将他推荐给范仲淹，范仲淹以《左氏春秋》授之曰："将不知古今，匹夫勇耳！"狄青在范仲淹的启发和培养下，折节读书，通过自习兵书，精通秦汉以来各家将帅兵法，提高了军事理论水平和指挥艺术，很快成长为一员智勇双全的大将。后来以武职升任枢密使而总领天下兵事，平定了侬智高叛乱，使得宋廷南方免遭战乱之灾，这在"崇文抑武"的宋王朝是非常罕见的。

范仲淹用人多不拘小节，量才而用，不因事废人。如陈州布衣郭京，年少任侠，不营产业，平素喜好谈论兵术，范仲淹、滕宗谅数荐之，上召见，特命以官；瓦亭寨主，左班殿直张忠，因过取职田课入，而被贬削官。范仲淹认为其人颇孔武英勇，希望朝廷不计其过，稍复其官资，给他一个戴罪立功的机会。于是，诏为供备库使，又为右班殿直，派往西北边疆。不但如此，范仲淹任用人才方面还擅于知人善用。如大理丞种世衡胆量过人，非常善于处理少数民族事务，颇得一批少数民族酋长的信赖和爱戴，唯其马首是瞻。庆历二年，范仲淹巡边知环州，发现这里的属羌多首鼠两端，密通元昊。他就调遣种世衡负责此事，种氏到任后恩威并施，成功地安抚了属羌，使"敌人不复近环州"。后来，种氏一门在边疆的威慑力使西北二狄不敢轻举妄动、窥视中原等。其他如张亢、范全、郭逵、刘沪、张信等，都得到过范仲淹的提拔和奖励，在抵御西夏进攻的战争中立下了卓越的战功，这正是范仲淹"知人善任"的成功之处。

范仲淹在关键时刻不惜牺牲个人的前途、性命，为他所选拔、培养的将领担保，多次在仁宗面前立下"若不如所举，臣等甘当同罪"的誓言。他经略陕西三年，乐与将士同患难，正是这种儒家文化熏陶下的高贵品质，才折服了大批有才将领聚集在他的周围，愿时刻听从他的召唤，直至生命最后一刻。庆历四年六月，范仲淹为参知政事，被诏宣抚河东。知代州张亢上表范仲淹，建议在河东增广堡寨，范仲淹实地考察后，采纳张亢建议，让其总管一切事务。而经略使明镐以谋不是出于帅府而极言不可，屡次发牒通告停修，但张亢却置若罔闻，冒着生命危险坚决执行范仲淹的"安排"，完成斯役。同年，范仲淹宣抚陕西，让知环州种世衡和知原州蒋偕共同修筑细腰城，当时世衡卧病在床，但接到命令后立即带领部下昼夜兴筑，最后城成而卒。

综上所述，范仲淹经略陕西的功勋不仅在于治军，更在于治民；不仅在于收服人才，更在于收拾人心。经过范仲淹拣选、培养起来的这批将领，在维护北宋后期的统治中仍继续发挥着重要作用。

第 3 章

庆历新政及政治思想

范仲淹一生主要活动于由盛转衰的仁宗朝，一生无论进退均忧着国家，忧着百姓。他以政治家的敏锐，洞察到"官塞于上，民困于下，夷狄骄盛，寇贼横炽"的社会现实，故屡次上书皇帝，呼吁变革以为国兴太平，为民谋利益。他为官正直敢言，关心民间疾苦，入朝锐意改革，最先向保守反动势力发动进攻，践行"先天下之忧而忧，后天下之乐而乐"的伟大抱负，把自己推到时代的最前列，主持了期在强国富民的"庆历新政"，开"熙宁新法"之先河。

一、新政背景

宋太祖通过陈桥兵变，黄袍加身称帝，在建国之初为巩固中央集权而建立"内外相制""上下相维"的官僚体制。随着历史的发展，这些强权举措功效不断衰微，逐渐变为社会生产力发展的障碍。至宋仁宗庆历年间，朝廷内部弊端百出，危机四伏，民族矛盾和阶级矛盾已达到十分尖锐的程度。冗费、冗官、冗兵、冗吏使国家财政入不敷出；土地兼并，赋役不均，贫富悬殊加重社会危机，士兵哗变、农民起义此起彼伏；北有契丹贵族建立的强辽虎视眈眈，西有党项贵族崛起反宋，时刻威胁着宋朝西北边疆的安危；内忧外患加剧，北宋帝国岌岌可危。

四冗酿成财政危机

宋帝为了推行崇文抑武的国策，有意识地将国家收入的一大部分拿出来"赏赐"给每一个士大夫。正是天恩施于百官者唯恐不足，财赋取于百姓者不留有余。北宋官员人数众多，中、高级官员待遇优厚，除正俸外，还有各种名目的补贴，如四季衣料、餐钱、茶、酒、厨料之给、薪、炭、盐之给，还有所谓公用钱、职钱、给券等，更有各种名目的赏赐恩泽。由后周入宋的翰林学士李昉就曾对两朝的待遇作过对比，认为宋朝新学士谢恩前后赏赐及待遇尤盛前朝，从官服、坐骑、日用到月俸、侍从一应俱全。此外宋朝高官还有各种名目的恩赐及拨给职田，并且还施及家人，差科全免，成为社会上享有特权的官户阶层。宋代每三年举行一次的郊祀，场面隆重，花费巨大，像景德中一次南郊，赏赐之费高达六百余万，至皇祐则达到一千二百余万。每临皇帝、太皇太后、太后、皇后生日，也是赏赐无度。再加上皇帝佞佛信道，大兴寺庙道观，也是增加开支的途径之一。另外，宋代数以万计的皇室宗亲，一生的吃穿住行、生老病死等一切费用也均由国家包揽，无疑也是一项巨大的开支。而每年对辽、夏的巨额岁币、岁赐，都成为宋朝积贫的主要原因。

宋初将地方权力集中到中央，又将中央各政府机构的权力加以分割、限制，最后集权于皇帝来全面掌控。为了防止大臣专权，又建立了一套重叠、庞杂的官僚机构。例如在中央，虽然依然保存了三省、六部等，但却无多少事可办，而另外设置了中书、枢密院、三司、谏院、审刑院等掌握实权。在官员的任命上，又采取了官、职、差遣分离的办法。官只是一种虚衔，表示品级的高低、俸禄多少，并无事可干；职是授以馆、阁学士之类的称号，表示是皇帝的近臣，地位清高，也无事可干；只有差遣才是官员所担任的实际职务。因此，凡无差遣的人，只领取俸禄，并无事可做，北宋这样的官员很多。

宋朝为了拉拢地主、士绅，不断扩大科举录取的名额，广泛吸收地主知识分子参政。宋代科举录取人数远超前代，如天圣二年（1024）录取进士、诸科四百八十五人，天圣五年录取进士、诸科一千零七十六人。一经录取，便可直接任官，导致官员的数量逐年增多。宋初一州只有刺史一人、司户一人，后又有团练推官一人，太平兴国中，复增置通判、副使、判官、推官，而监酒、榷税算又增四员。漕官之外，更益司理。十几年的工夫，官员竟增加六倍之多。中央官员，同样也很快增多，太平兴国之初，朝臣班簿才二百人，至咸平初四百人，天圣元年一千余人。四十多年的时间，官员增加五倍之多。

宋廷还规定，只要任职期间不犯大罪，文官三年，武官五年，就可以照升一级，称为"磨勘"。这种"不限内外，不问劳逸，贤不肖并进"的任官制度，造成了各级官员即便是饱食终日，无所用心，也可以凭借资历升为高官。这些冗官滥吏奉行明哲保身的人生哲学，因循守旧，不重修身，不求奋勉，碌碌无为，或钩心斗角，无事生非；或结党营私，党同伐异。再加以机构重叠，人浮于事，职责不明，官员之间，互相推诿，相互牵制，又造成从中央到地方公务积压，行政效率越来越低。此外，宋代官僚地主阶级在丧失世袭爵位和封户特权的情况下，为了确保"世守禄位"，又参照唐制，制定扩大了中、高级官员荫补亲属的"恩荫"制度。"恩荫"即宗室、外戚、高官遇到"郊祀"大礼或皇帝生辰等重大节日，均可奏请子孙为官。高官除荫子孙外，其亲属、门客等也可以奏荫为官，如真宗时宰相王旦死去，一次就录其子、弟、侄、外孙、门客等十数人为官。这样就造成了政府事务不变，官员却在大幅增加的怪圈。中、高级官员子弟不论有无才能，均可通过恩荫当官，故而不把学业放在心上，造成了官员素质极为低劣。宋代的州县官、财务官、巡检使等低、中级差遣，大部分由恩荫出身者担任。这种等同于官僚世袭的制度，使行政机构中充满了坐食禄米的权势子弟。

宋太祖开国时只有二十万军队，太宗时有六十六万，到了仁宗时增加到一百二十五万。军队数量在大幅度激增，而战斗力却弱得令人失望。百万大军对外不能有效地抗击辽、夏，最终只能以巨额的"岁币""岁赐"换得一时苟安；对内不能快速平息此起彼伏的农民起义，使得民不聊生，社会动荡不安。从元昊叛宋起，宋军的边防开支便突然膨胀起来。政府为了扩大收入，又不得不增加百姓负担。于是，包括京城附近在内，各地反抗朝廷的暴动与骚乱纷然而起。加之皇室的穷奢极欲及宋廷对官僚阶层的优厚待遇等，百姓生活更加困苦，负担沉重。冗官、冗吏、冗兵、冗费成为宋代统治机体上的恶性肿瘤，耗费和侵蚀着国家和百姓的大量钱财，给宋朝带来了沉重的财政负担，以至于一天天走上了入不敷出的道路，成为宋朝"积贫"的因素之一。

吏治败坏加深政治危机

北宋官僚体制与其他朝代不同，在朝廷加强专制统治，在地方实行文官政治。政府权力机构内多方管理，互相牵制，最终导致各级行政重床叠架，官吏臃肿不堪。随着官员数量的逐年增多，很快出现冗官滥吏的局面。再加之权限职责不明，从上到下以因循守旧居多，以老成持重相标榜，政府机构内部出现人浮于事，互相扯皮的弊病。高官厚禄，权重事专，养尊处优，成为宋代官场的一致追求。而一旦上书言政，就可能触犯一部分人的切身利益，招致贬谪甚至杀身之祸，所以大都三缄其口。一些官员即使看到朝政弊端也视而不见，充耳不闻，更有甚者堵塞言路，墨守成规，对主张改革进取，有所作为官员的打击压制不遗余力。这样，官吏无进取之心，朝廷无改革之意，遂至边塞大臣守边不力，避战求和，朝贡岁币。地方官吏碌碌无为，不能整肃乡里。几至百八十人的小股农民起义便能纵横于数十州郡，而州县官吏无可奈何。

宋代高官俸禄优厚，然而犹嫌不足，公然贪污行贿，互相庇护，有恃无恐。他们腐败堕落，不思进取，骄奢淫逸，及时行乐之风弥漫朝野。在生活上，讲排场，图享受，极尽奢华。如真宗时的宰相吕蒙正每天必喝美味的鸡舌汤，宰杀的鸡毛都堆成了山。仁宗时，宋祁点华灯拥歌妓醉饮，晏殊常聚宾客珠玉买笑，彻夜欢宴。"绕梁歌妓唱，动地饥民哭"反映的是赈灾大臣淮南转运使魏兼在苏州的真实写照。与之形成鲜明对照的是大部分下级官员，俸禄很低，或靠"受赇为生"，或以变相经商、巧取豪夺等养家糊口。一些地方官员为巴结上司，不惜搜刮民脂民膏以行贿赂，官场也习以为常，成为通例。还有的官员"以受贿为生，往往致富"。此外，一些文武官吏还参与对商业利润和土地田产的攫夺中，如陕西一带，禁军中有巧匠、乐工、刺绣、书画、机巧百端名目，而士兵死亡或逃亡后，形成的军营空额也为将官吞吃。宋初以来不立田制，不抑兼并，遂出现了严重的两级分化现象，富者田连阡陌，贫者无立锥之地。更有甚者，官吏与小民争夺商业利润。吏治的腐败，直接损害了统治阶级的利益，不仅影响国家的财政税收，败坏社会风气，更加重了平民百姓的负担，进而激化社会矛盾。

赋役不均而造成社会动乱

北宋官僚制度中的种种弊端，加深了社会矛盾，已经发展到十分严重的地步。国内的阶级矛盾和民族矛盾并没有缓和，而且越来越尖锐，政治危机四伏，土地兼并之风盛，财产逐步集中在少数人手中。庆历时期，全国无土地的贫苦农民占全国户数三分之一，而占有土地的人三分之二。土地失去而赋税不变，一切赋役仍由无土地的农民来负担，所以农民生活极为困苦。庆历初，郭谘、孙琳等以创方田法，括隐田，均赋税，在一些乡县进行试点，但最终未能在全国推广。一方面是朝廷企图把一年重似一年的财政困难转嫁到百姓头上，另一方面是各民族不堪压榨，集体奋起反抗。至仁宗庆历年间，便出现了政治危机。据欧阳修、余靖等人的上书，仅庆历三年，有些地方暴动少则数十，中则数百，大则上千，烽烟四起，暴动频仍，已有"遍满天下"之势。其中以王伦领导的忻州士兵暴动，张海、郭邈山领导的农民起义，荆湖南路瑶、汉百姓起义规模较大，尤其是王伦所率最初只有四五十人，最多时不足三百人，却能转攻淮南，历密、海、泗、真、扬诸州，来回横行千余里，杀人放火，肆意抢掠，如入无人之境。多数州县官员面对蜂拥而至的农民起义军，竟然束手无策，这也充分暴露了当时的宋王朝外强中干的真实现状。

宋朝的国内阶级矛盾和民族矛盾交织在一起，陷于严重危机之中。一些有见识的政治家，早就提出过政治改革的建议，如太宗时王济、真宗时王禹偁，仁宗宝元年间宋祁也提出"三冗三费"问题。范仲淹在执政前于仁宗天圣、明道年间，都提出过革新政治的办法，但这些并未引起真宗、仁宗的注意。至庆历三年前后，各种矛盾前所未有地激化起来，震动了宋廷，沉闷多年的政治气氛开始变得活跃起来。不少有远见的人担心封建国家的命运，连连上疏要求仁宗进行改革。学者李淑上《时政十议》，倡言革新弊政。欧阳修上书揭示宋朝"三弊五事"积重难返，呼吁改革吏治；尹洙在上书中指出若"因循不改"，则"弊坏日甚"。其他无名之辈像崔公孺等也伏阙上书，条陈改革事项。宋仁宗面对复杂的形势和朝野要求改革的呼声，为了社会的安稳和帝业的长存，想要祛除天下一切弊事。

二、新政内容及实施

庆历三年（1043），朝政一新，吕夷简被罢去宰相职务，由名臣晏殊、杜衍等出任宰相兼枢密使，欧阳修、余靖、王素、蔡襄等先后担任谏职。范仲淹也被调回朝中，升任为参知政事，与枢密副使富弼等人一道主持朝政。时任国子监直讲的石介作《庆历盛德颂》，爱憎分明，疾恶如仇，赞美范、富为上古忠臣夔和契，怒斥善于玩弄权术的夏竦为"大奸"。虽为新政制造了舆论，但也埋下了夏竦日后睚眦必报的祸端。九月，仁宗开天章阁，诏范仲淹等人条陈朝政变革构想。范仲淹一贯主张改革，以治理天下为己任，虽深知积重难返，以往安定局面中积累的弊病，绝非一朝一夕所能革除，但现在国家危机如此严重，皇上求治如此心切，便觉得责无旁贷。他认真总结酝酿已久的改革思想，呈上新政纲领《答手诏条陈十事疏》。

这次上书的方式与以往不同，以往只是向朝廷提供变革思路，这次是直接回答皇帝应该如何变革。提供思路，有些地方可以模糊笼统一些，采纳者再进一步完善；回答皇帝的诏问，必须具体落实，在现实中可以直接操作。与《上执政书》比较，范仲淹这次的大致变革思路不变，只是更易于操作实施。韩琦、富弼、欧阳修等改革派主力也分别上奏改革意见。仁宗和朝中大臣廷议后，认为范仲淹的十事疏考虑最周全，切实可行，纷纷表示赞同，便逐渐以诏令形式颁发全国。十月，仁宗先任命杜杞为京西转运、按察使兼体谅安抚，接着诏令张昷之、王素、沈邈分别担任河北、淮南、京东都漕兼按察使。于是，北宋历史上轰动一时的庆历新政就在范仲淹的领导下开始实施了。

新政内容

范仲淹认为吏治腐败是北宋贫弱的主要根源。要使国家摆脱危机，走向富强，必须革新政治，清除腐败现象，故而将整顿吏治作为一切改革的基础，围绕官僚队伍建设和经济生产两个方面展开。

（1）明黜陟

"黜陟"一语，出自《尚书·尧典》，曰"三载考绩；三考，黜陟幽明"。大意为古代是通过对官吏政绩的定期考核来决定其职位的升降。宋代管它叫"磨勘"，规定文职三年一迁，武职五年一迁，升降官员不问劳逸如何，不看政绩好坏，只以资历为准。这种考课铨选制度的作用是防止选拔时的任人唯亲，缺点是官员晋升较易，不利于选贤任能，助长了大部分官员不求有功，但求无过，因循苟且，无所作为的循默之风，致使"愚暗鄙猥"者"坐致卿、监、丞、郎"。这种论资排辈的制度，是北宋冗官滥吏形成的一个重要原因。

范仲淹主张重新制定文武百官磨勘之例，循名责实，严定绩效考核的办法来促使"人人自劝，天下兴治"。官员应依据差遣的实职政绩升官晋级，像朝官、员外郎、郎中、少卿、监，需要清望官五人保举，方可磨勘。凡有高才卓行，取得善政异绩者，则可破格提拔，不受磨勘年资的限制；对在中央政府任职的官员采取更为严格的"磨勘"制度，以调动官员外任的积极性，逼迫"权势子弟肯就外任"，"知艰难"后或许能成长为好官；"老疾愚昧"等"不堪理民"者，另外单独处理。

庆历三年十月二十八日朝廷颁布的考课新法，基本上采纳了这些建议。磨勘新法触动了官僚势族的切身利益，引起他们的强烈反对。至庆历五年范仲淹罢政后，保任法就遭到监察御史刘元渝首攻而流产。其后，张方平等朝官曾委婉劝说仁宗重视落实磨勘新法，以升降官员责其功效。英宗朝时张方平等臣僚又对磨勘新制作出部分调整完善，使其更加简便易行，可视为庆历新政的复活、发展和延续。

（2）**抑侥幸**

范仲淹此项措施主要是借杀任子之恩，慎馆阁之选，限制侥幸做官和升官的途径。北宋自太祖朝始行任子之法，规定曾经两任五品或六品以上的朝官可以荫子一人。当时控制尚严。宋太宗登基后，为了收买人心，广施恩泽以自固，任子之制遂滥，"积成冗官""政事不举"。当时高官每年都要自荐其子弟充京官，一个学士以上的官员二十年内，可恩荫兄弟子孙二十人出任京官。这些纨绔子弟一个接一个地进入朝廷，只知相互包庇，结党营私，不仅增加了国家开支，而且有碍政治清明。因此，范仲淹建议减少恩荫人数，限制恩荫范围。进士前三名及第者，一任回京可以参加考评，分成五等。第一、第二等再由帝王"召试"，优等者"补馆阁职事"。权势子弟不可以进入馆阁，馆阁缺员则由大臣联名荐举。

庆历三年十一月二十三日，仁宗根据范仲淹、富弼等人的建议，先后下《诫约两府两省不得陈乞子弟亲戚馆阁职任诏》及《任子诏》等，诏定奏荐者除长子外，诸子、孙必须年过十五，弟、侄年过二十。同时，入选的对象一定要到吏部参加考试，称职者才予以录取，不试者永不预选。从太宗朝开始的皇帝生日奏荫的旧例，到此也宣布作废。此项改革措施只是对恩荫制度作了适当限制，并不能彻底解决宋朝恩荫过滥的弊病，然而也触及中、高级官员的既得利益，引起他们的不满情绪，成为导致新政失败的又一因素。

新政失败后这些诏令虽先后被废除，但又不时在大臣的建议下重新进行修订、完善、运用，在曲折和反复中发挥应有的作用。

（3）精贡举

范仲淹从改革科举考试制度和兴办学校两个方面入手，以期为国家培养德才兼备的有用之才。北宋沿袭唐代以"辞赋取进士"的科举考试制度，一直为倡言变革者所诟病。他主张改革科举考试内容与程式，改进士科的重诗赋为重策论，将明经科由原来的死记硬背儒家经书，提升为活学活用，阐述经书的意义和道理；又主张取士先取其德行，次取其艺业，逐步实行"逐场去留"的淘汰方式。外郡考核发解的考生，不用封弥试卷，重点考察其履历、品行等；礼部考试则"封弥试卷，精考艺业，定夺等第"。进士、诸科优等及第者，"放选注官"；"次等及第者，守本科选限"。这样，考生有真才实学，进士之法，便可以依其名而求其实了。

范仲淹还认为教育是择选人才之根本，兴国致治的基础，建议复学校之制，在各州县大规模兴学，延请名师硕儒任教，为国家培养大批人才。此举得到两制及台谏官员们的一致认可，最后由欧阳修合奏，就州县办学、入学条件及发解试、省试的资格、程式、内容、规则等提出更为具体、详尽、可行的改革方案。庆历四年三月十三日，贡举和兴学分别以诏令形式下达全国，不仅引起学风士风的转变，掀起了规模空前的建学热潮，而且对中国学术史和文化史也产生了深远的影响。

（4）择官长

地方长官的选拔关系到"百姓休戚"，是澄清吏治的重中之重。吏治清浊，事关国本。范仲淹提出任用和考察监司、知州、通判、县令等地方官的具体可行之法，建议把地方官的任免权逐级下放给地方主管机构，由高到低，逐级举荐。由朝中重臣推荐转运使、提点刑狱、大郡知州；由转运使、提点刑狱推荐知州、知县；知州和通判同举知县；而获得更多人推荐者优先得到任命。原任州县官不称职者，可以奏罢，在通判、幕职中选可任者代理。针对当时分布在州县的两级官员不称职者十居八九的状况，范仲淹建议朝廷派出得力的人前往各州以上的一级监察和财政区划检查地方政绩，奖励能员，罢免不才；选派地方官要通过认真的推荐和审查，以防止冗滥。

庆历三年十月，杜杞、张昷之、王素、沈邈等转运按察使分别到京西、河北、淮南、京东等地走马上任，以刚正不阿、精明强干、正直无私的大无畏精神惩治腐败，激浊扬清。其中王鼎、杨纮、王绰被贪官污吏们目为"江东三虎"，孔宗旦、尚同、徐程、李思道四人，在京东转运使薛绅的任用下侦查不法官吏，被诬称"山东四瞪"。后来他们均以此遭贬。庆历五年十月仁宗又诏罢转运使带按察之名，标志着范仲淹试图通过举贤退不肖，选拔人才以改变官场腐败作风之举的失败。

（5）均公田

公田，即职田，主要来自官府名下的荒田、绝户之田及逃户之田。按地方官的差遣就地拨给一定数量的土地，可招佃户租耕，平分收入，作为月给以外的廪禄增给。宋真宗时复职田制度，用意在于利用经济手段鼓励有真才实学的人乐赴外任，加强州县的行政管理和岗位责任感，以厚薪养廉。宋代官员的薪俸分配往往不均，高级官员与低级官员的收入有天壤之别。职田不均，一大批薪俸微薄的地方官吏食不果腹，日常生活问题就得不到很好的解决，怎能要求他们尽职办事呢？范仲淹建议重新议定外官职田，均衡职田收入，使他们都能有足够的收入养活自己和家人，然后可以督责他们廉洁为政；对那些违法的人，也可予以惩办或撤职了。

庆历三年十一月八日，仁宗下《定职田诏》，阐述重定职田的目的、意义和作用，对职田的数量、执行时间及分配、招租方案等都作出明确规定。庆历四年三月三十日，又颁布《巡检县尉俸给见钱诏》，以改善下级官吏的待遇。这些措施显然不可能从根本上解决问题，但在一定程度上遏制了贪污腐败之风。均公田作为未被罢废的新政举措之一，在神宗熙宁年间得以重新详定并持久行使。

（6）厚农桑

农业是古代封建国家的主要经济命脉。"养民之政，必先务农。"范仲淹针对北宋"不务农政"，劝课流于形式而导致"粟帛常贵，府库空虚"的现实，呼吁国家重视农桑等生产事业。他建议朝廷下诏，要求各级政府在每年秋天农闲时间，出面主持和领导百姓，讲说农田利害，兴修水利，因地制宜，发展多种经营，并制定一套奖励百姓、考核官员的制度长期实行。不久，郭谘、孙琳的方田均税法也在蔡州进行试点。庆历四年正月二十八，仁宗下《劝农诏》，要求知州、通判、知县、令佐及提点刑狱朝臣、转运判官等共同劝农，省徭役、宽赋税、兴水利、植桑枣、增户口，使百姓乐于务农。辖区内陂池不修，田野不辟，桑枣不植，户口流亡的地方官则由检察加以降黜。庆历四年八月，仁宗又诏命参知政事贾昌朝总领天下农田，条陈农桑利害。此法随后还得到不断完善，有力地促进了农业生产。

(7) 修武备

范仲淹对唐代的府兵制非常赞赏，在整顿武备方面多有效仿。他建议沿用唐代的征兵模式，每年在京城附近地区招募强壮男丁，以充实京师六军。这些卫兵，每年约用三个季度的时间务农，一个季度的时间教练战斗，寓兵于农。实施这一制度，既可以节省给养之费，减少国家军政开支，又可以用来辅助正规军，防御外敌。京师的这种士兵招募制度如果成功了，再由各地方军队整顿仿照京师做法。但是因为宋代土地买卖兼并现象极其严重，多数穷苦百姓根本无地可耕，寓兵于农之策缺乏相应的经济基础。于是，这项新政措施就被束之高阁，未能施行。但是在边疆地区垦荒屯田，以农养兵之策则完全可以实施。

(8) 减徭役

天圣八年 (1030)，范仲淹通判河中府时就曾上《奏减郡邑以平差役》，建议仿效东汉建武六年 (30) 减省四百余县，吏职裁去大半的故事，将户口少的县裁减为镇，合并郡县，减少冗吏，节省开支，减轻百姓赋役。各级官府杂役，可派一些州县兵士去承担，将那些本不该承担公役的人，全部放回农村。这样，百姓不误农时，专心耕种，民间便不再为繁重的职役而困扰了。范仲淹认为这是节省民力、解民穷困的重要方法之一。他建议先派使者到河南府搞试点，将原有十九县合并为十县。"稍成伦序，则行于大名府。然后遣使诸道，依此施行。"如此一来，"但少徭役，人自耕作，可期富庶"。

省并州县，始于宋太祖，经范仲淹大力提倡后仍收效甚微，不久就成为空言。在熙宁王安石变法时才得以大规模推行。

（9）推恩信

范仲淹的此项举措主要针对每三年一次的南郊大赦而言，强调要广泛落实朝廷的惠政，讲究信义。以往朝廷大赦天下，诏令免除百姓赋役，减轻徭役，存孤恤贫，然而地方官往往不执行，使天子惠民恤民之意，成为空头支票。范仲淹建议对以往赦书中昭告的恩泽未实施者补行赦免，由各路派遣使臣巡察那些应当施行的各种惠政是否施行，并严厉处罚那些故意拖延或违反赦文的地方官员，使处处都没有阻隔皇恩的现象。

（10）重命令

范仲淹认为，法度要示信于民，国家令出则行，否则便"烦而无信"。他建议今后朝廷颁布政令，必须经两府详议，反复讨论哪些是可以长久推行的条令，删去繁杂冗赘的条款，裁定为皇帝制命和国家法令，确保敕令条贯的严肃性、权威性和可行性，再颁布下去。这样，朝廷的命令便不至于经常变更了。如果官吏故意违背朝廷诏令，严惩不贷。可见，重命令是要求国家以慎重严肃的态度修订律令，克服朝令夕改的弊端，以取信于民。庆历四年八月，仁宗诏令大臣详订《庆历编敕》，由原来的四千七百六十五条删定为一千七百五十七条，通行全国。同时，范仲淹还建议编订各项地方法规法令，形成"重命令"的舆论氛围。

前五点着重在于澄清和改善吏治，实施官僚制度的改革，旨在建设一支高效廉洁的官僚队伍，这是庆历新政的核心，也是以范仲淹为首的改革派要求励精图治的思想概括。他推动庆历新政的思想动力源自根深蒂固的儒家民本与仁政理念。他没有停留在先秦儒家滔滔不绝的"德政""仁政"的说教层面，而是单刀直入地从吏治入手，以罢免违法官吏，选用德才兼备之士的手段来确保德政措施的实施。由此可见，范仲淹在力求实现民本主义本质的民有和民享之时，还触及专制主义本质的君有、官有和君享、官享。他从选拔施政者切入，努力尝试构建一种更为合理的利益分配制度，力图在上层建筑保持不变的情况下使百姓在经济与社会生活中获得更多利益，从而加大确保封建政权的合法地位和稳定性的砝码，这既是庆历新政之所以失败的原因，也是范仲淹政治思想的精义所在。

庆历新政的内容广泛，以上十策并未囊括全部。学者据现存文献资料考证可知，尚有置太医局，组织培训医师；议定律外条贯行赎法；驰茶盐之禁；改革常平仓法；宰辅分领政事以循名责实之法；等，虽不在十事疏内，但也为范仲淹在新政期间的革新举措，得以实施，不失为新政的有机组成部分。

新政进程

范仲淹《答手诏条陈十事疏》作于庆历三年九月，此时他入仕已近三十年，历任地方和中央要职。在地方曾知睦州、苏州、饶州、润州、越州等，且在西北前线握军政大权三年有余；在中央曾任右司谏、枢密副使、参知政事等，且一度权知开封府。他对民政和军政都有了更加深入透彻的了解，积累了丰富的从政经验，逐渐成长为一个比较成熟的政治家。人们以"朝廷无忧有范君，京城无事有希文"来推崇他，可见范仲淹就其个人品质、才能方面是能胜任改革大业的。

范仲淹以天下为己任，裁削佞滥，考核官吏，日夜谋虑兴致太平。在推行"庆历新政"的过程中，他坚决贯彻了朝廷对各级官员的调整改革，规定凡老病不能坚持工作，或不学无术，无办事能力，以及昏庸腐败不称职的官员，都一律免职，对于贪赃枉法者，则加以惩处。诏令发出后，"老病昏昧之人，望风知惧"，纷纷要求退离。新政还规定，改变过去那种论资排辈的官员升迁的制度。对于"凡有善政异绩，或劝农桑有美利，鞠刑狱雪冤枉，典物务革大弊"的官员，可以提前升级，或越级提拔到高级官位上；而对饱食终日，无所用心，或小病大养，无病呻吟的庸官，即使是资格很老，多年没有调级，也不能升迁。这一改革，对提高官员素质，改进政府工作效率，发挥了积极作用。国家的政策法令能否贯彻，关键在于各级官员的"贤愚"。

新政实施的短短几个月间，政治局面已焕然一新：官僚机构开始精简；以往凭家势做官的子弟，受到重重限制；昔日单凭资历晋升的官僚，增加了调查业绩品德等程序，有特殊才干的人员，得到破格提拔；科举中，突出了实用议论文的考核；全国普遍办起了学校。范仲淹选派一批精明干练的转运按察使去各路考察官吏善恶。在"三虎""四瞪"这些铁面无私的按察使的严格考核下，一大批尸位素餐的寄生虫被除了名，一批干才能员被提拔到重要岗位，官府办事效能提高了，财政、漕运等有所改善，暮气沉沉的北宋政权开始有了起色。朝廷上许多正直的官员纷纷赋诗，赞扬新政，人们围观着改革诏令，交口称赞。

政治改革的广度和深度，往往和它遭到的反对成正比。庆历新政所推行的种种改革，涉及权力、利益重新进行调整与分配，触犯了权贵们的既得利益，尤其是限制了大官僚的特权，遭到他们铺天盖地的反对、非议、奸谗、破坏。以王拱辰、夏竦、章得象等为代表的保守势力十分痛恨新政，以致迁怒于新政的主导者及支持者范仲淹、富弼、欧阳修等人，并试图将他们赶下台，逐出朝廷，以中止新政。御史台的官员中，已有人开始危言耸听，抨击那些刚正廉洁的按察使及耳目过于苛察，斥之为"江东三虎""山东四瞪"，要求朝廷给予严厉处分。范仲淹之前在西北边疆提拔过的老部将像滕宗谅、张亢等人也遭到秘密的调查，并遇到许多麻烦。接着，夏竦用诡计陷害富弼，挑拨、疏离宋仁宗与改革派之间的关系。富弼为了避嫌，请求出使边地。范仲淹也自知无趣，带职去视察河东与陕西。

宋仁宗对于改革的兴致，已渐冷漠和淡释。御史中丞王拱辰等因与改革派政见不合又借机制造"奏邸之狱"，将以王益柔、苏舜钦为首的京师革新人物一网打尽，并借此反对新政，动摇时相杜衍和参知政事范仲淹的政治地位。再接着，章得象也在仁宗面前对范仲淹放冷箭，陈执中又攻击杜衍包庇范仲淹和富弼。欧阳修等"四谏"，企图撵走这些保守派的爪牙，另换几名台官。但他们很快发现，台官背后，掩藏着更有权势的人物。欧阳修本人，反被明升暗撤，离京出使河东。

庆历五年正月，仲淹罢参知政事，以资政殿学士出知邠州，兼陕西四路缘边安抚使。同时，杜衍罢相，出知兖州（今属山东），富弼、韩琦相继罢枢密副使，分别出知郓州、扬州。随着革新派人士都相继被逐出朝廷，一年零四个月的新政在皇帝的退却下，在守旧派的攻击下，在新政派的放弃中，最终以失败而告终。京师内外的达官贵人及其子弟，依旧歌舞喧天。范仲淹等人革除弊政的苦心孤诣，转瞬间付之流水。

三、新政失败原因

关于庆历新政失败的原因，不少学者已经多次撰文从主客观方面的原因进行了深入探讨，综合有如下几个方面。

仁宗的始信终弃

纵观历代改革史事，最高统治者皇帝的政治态度对于改革的成败至关紧要。仁宗的昏聩视听及其在庆历新政实施过程中的动摇反复，是改革失败最主要的原因。当然，宋仁宗的动摇是由他作为地主阶级最高统治者的身份所决定的。他希望通过改革使国家摆脱困境，因而支持以范仲淹为首的改革派，急切地向他们征询关于改革的意见，并授权让他们全面主持改革。从仁宗开天章阁，手诏令范仲淹、富弼等改革派大臣条上时政之际，拥护新政的欧阳修就预见到浮议谗言，必将横行，维护既得利益者必将阻挠反对新政的实行，他上书恳请仁宗信任范、富等人专一行事，不为横议所动。新政推行不久，仁宗就被反对派朋党之论混淆视听，改革的决心开始动摇。尹洙针对欧阳修、蔡襄等相继外放，预感到庆历新政有中途夭折的危险，遂上《论朋党疏》规劝皇帝知贤而任，用而不疑。然而，保守派全面攻击新法，特别制造谣言，诬称范仲淹在朝中专权、私结"朋党"时，优柔寡断、实无多大作为的仁宗就开始惑于朋党之论而难以自拔，深怕"朋党"会危害他的统治地位，因而由猜忌富弼、范仲淹，进而怀疑改革之举。他最终解除了范仲淹、富弼、韩琦等人的职务，始用而终弃，直接导致了新政流产。

改革派自身缺陷

对任何一项政治革新来说，主观方面条件是否具备，对其成功与否同样起着举足轻重的作用。庆历新政的改革派因自身存在一些问题，走了一条曲折而终究失败的道路。首先，改革派对改革的艰巨性、复杂性认识不足，应对措施准备不够充分。从革新政策的针对性、可行性来看，也颇有瑕疵。改革派既以澄清吏治作为改革的关键，却对官吏考核制度仅仅是作了一些改良，这些制度在王朝刚建立时也许适用，而对积弊已深的北宋中期吏治，则只是重病轻药，改革的不彻底性使其不堪一击。新政试图在科举上进行改革，以输送官吏，故以策论为科举考试的主要内容，但却使浮薄之士、投机取巧之徒，"依附公门以察其教条，窥探时局以肆其褒议"，揣摩玩味，迎合时局，这是范仲淹所预料不到的。

其次，改革缺乏统筹规划，全面设计，其选择的突破口不够恰当。新政的实施过程中，以范仲淹为首的革新派雷厉风行，勇于担当，在短短几个月内便通过朝廷颁发诏令，大张旗鼓地将革新举措一一颁行全国，确实有些求治心切，急功近利。虽然范仲淹也认为事有先后，应考虑轻重缓急，从当今要务及易行者入手，但实际上却是"席未暖于紫荆，剑已及于寝门，议磨勘矣，覆任子矣，均公田矣，皇皇然若旦不及夕，而一得当以为厚"。完全没有步骤性，这样革新政策就很难一环扣一环，一步步达其初衷。另外，在《答手诏条陈十事疏》中前五项都是以整顿吏治为核心，这首先给革新带来了强大阻力，触犯了守旧派权贵的既得利益，没有注意方法。另一点从新政首先实行的几项措施看，也并非至切要务。如果能首先从富民强兵入手，可能付出的代价要小一点，如推广孙琳、郭谘的方田均税法，先解决农民最需解决的土地问题，进行试点，逐步推广，然后再整顿吏治，或许能为改革减小阻力，收到更好的成效。

最后，以范仲淹为首的革新派虽然已经认识到了当时的社会弊端：墨守成规，弊政日甚，人人因循，不复奋励，但并没有把这些作为革新的重点障碍考虑克服。宋朝当时对官吏的社会福利比较丰厚，积习已久，官吏士大夫感恩戴德尚来不及，如何肯言改革；一些中下级官吏或年迈耳聋，听不清诉讼之词；或老眼昏花，看不清文书卷宗；有的只知揣摩上司之喜怒，或几月以至成年不理政事，普遍因循守旧，沉湎于太平盛世的幻觉中。在这样一种颓废保守的传统意识之下，要想革新，无疑是痴人说梦。历史因循承袭的惯性意识是很难改变的。即使范仲淹等有远见的政治家，也丝毫撼动不了历史的车轮，改变不了这种社会局面。所以，庆历新政的失败是必然的。

总之，由于改革派过于主观，在政策的制定和推行方面缺乏周密的部署和全盘考虑，这样就难免使新政在推行上遇到麻烦，因受阻而停顿。

宰辅政见不合，离心离德

以范仲淹、富弼、韩琦为首的改革派在庆历新政期间只是分别担任参知政事和枢密副使。而章得象、杜衍、晏殊、贾昌朝、陈执中等人则占据着更为重要的政治地位，他们对新政的认识和态度至关重要，其人心向背更是决定着新政的成败。首先是杜衍，他出身寒门，德才兼备，正直无私，才能出众，是庆历新政坚定不移的支持者和参与者。曾在仁宗听信谗言，反复动摇之际，加以规劝，力挺改革派官员。这也招致保守派的嫉恨，致使他在王拱辰等诬陷制造的"奏邸之狱"中，在丁度等奸佞之臣的诋毁攻击下，很快就被罢免相权。改革派如同失去了中流砥柱，焉能长久？

其次是晏殊，他少年得志，安享富贵荣华，明哲保身是其内在的劣根性。他担任宰相兼枢密使的重要职位，在新政中表现得不偏不倚，若即若离。当改革派遭受打击时，以持重老成为念，不献一言，毫无建树。晏殊的中立态度使新政得不到首辅大臣有力的支持，功败垂成在所难免。最后是宰相章得象，参知政事陈执中、贾昌朝之流，是因循守旧，规行矩步，独善其身，无所作为的高官代表，他们在新政风头正盛之极默默无言，不置可否，在新政危及切身利益时则极力反对。他们首鼠两端，阳奉阴违，或以朋党罪名诬陷改革派，落井下石；或联合保守派，不遗余力地诶毁打击改革派，最终导致了新政的失败。

守旧势力的强烈反对

仁宗前后，虽然民族矛盾和阶级矛盾相互交织，非常尖锐，改革的外部条件基本具备。但是，庞大的王朝还维持着它固有势力和派头，腐而不烂，朽而不僵。虽然财政危机比较严重，但仁宗所直接控制和真正掌握的内库财政还是相对可观充裕，暂时不会捉襟见肘。另外北宋王朝历经四代皇帝的悉心经营，较之前代在政治上也更为成熟，各项统治政策不断得以完善，使整个王朝更具有稳定性和应变性。而这些条件恰恰又成为改革的强大的阻力和障碍。虽然用历史的眼光去看，改革无疑是进步的、正确的。庆历新政中的具体主张和措施，其目的都是为了防止阶级矛盾激化而引起广大百姓的反抗斗争，动摇赵宋王朝的根基，但终究不能从根本上解决宋朝的政治和社会危机。

范仲淹改革吏治，制订的各项措施对高度中央集权的官僚机构和腐败作风的冲击力是前所未有的。随着新政推行，逐渐限制了官僚阶层和大地主的特权，摇醒了因循守旧，不思进取的地方官吏的美梦，损害了他们的既得利益，触犯了众怒。于是这些享有特权的权贵和舞文弄墨的奸吏猾胥，联合起来，形成一股上下呼应的社会势力，在适当时机不惜任何手段，猛烈地向革新派发动反攻，不断阻挠新法的推行，并对新政核心人物范仲淹、富弼等进行卑劣的人身攻击，诬蔑范仲淹、富弼、欧阳修等结交朋党。他们还串通宦官不断到仁宗面前散布范仲淹私树党羽的谗言。众口铄金，积毁销骨，最终导致仁宗改革决心的动摇，庆历新政昙花一现，宋朝政局更加不可收拾。在以"人治"为特征的封建专制社会，要变革官僚阶层，与社会根本性制度相矛盾冲突，失败是必然的。

庆历新政虽然由于上述因素失败了，但这并不影响我们对新政意义的肯定。新政内容涉及政治、经济、军事、教育、科举等各个方面和领域，它集中了当时朝野士大夫要求改革的主要意见，是针对宋代存在的弊政有感而发的，可谓内容广泛，思想宏博，既顺应了历史发展的潮流，又产生了一定的影响和社会效应。一些新政措施后来经过不断改进复用，很好地发挥了应有的历史作用。还有一些措施为王安石的熙丰变法所继承，在新的历史时期又大放光芒。范仲淹在宋朝的因循守旧思想已根深蒂固、习惯势力难以冲破的历史情况下，不顾个人的荣辱得失，勇于改革，表现出对国家兴亡、百姓安危的深切关注和高度责任感，尤其难能可贵。这种"忧以天下，乐以天下"的精神，对我们难道不是很好的启迪吗？

四、变革思想及影响

范仲淹接受和融合了儒、道、墨、法、兵诸家思想和学说，将先进的思想理论与社会改革实践紧密结合起来，励精图治，推行改革。他的政治改革思想主要在"庆历新政"时期集中展示出来，既反映了他对北宋中期社会政治危机的一种对策性的考虑，也反映了他对国家长治久安之计的一种深层的探索。他的《答手诏条陈十事疏》可视作其政治思想纲领。因《答手诏条陈十事疏》的内容在第二节已经详细阐发，故本节不再赘述，只重在探讨范仲淹变革思想的形成轨迹。

变革思想由酝酿到成熟

范仲淹力图通过改革挽救北宋王朝摇摇欲坠的政治局面，他一再上书，阐述改革主张，如乾兴元年（1022），递《上张右丞书》；天圣三年（1025），上《奏上时务书》；天圣五年，递《上执政书》；景祐三年（1036），接连奏《帝王好尚论》《选任贤能论》《推委臣下论》《近名论》四论；庆历三年（1043），上《答手诏条陈十事疏》。在这些奏议书信中，范仲淹的政治思想和改革主张从朦胧到清晰，从大概到具体，逐渐成熟。其中最能体现范仲淹政治变革思想演变过程的是《奏上时务书》和《上执政书》。《奏上时务书》仅是从变革文风、讲求武备、注重人才、勉励谏官、抑制恩荫等五个方面阐述其笼统模糊、不成体系的政治变革思想；而《上执政书》则从"固邦本、厚民力、重名器、备戎狄、杜奸雄、明国听"六个方面更明确地阐述变革主张，重点突出，思路成熟，措施具体，层次分明，自成体系。而最能全面、完整体现范仲淹政治思想和变革主张的则是《答手诏条陈十事疏》，集中地从明黜陟、抑侥幸、精贡举、择官长、均公田、厚农桑、修武备、减徭役、覃恩信、重命令十个方面作了阐述。从教育培养到科举选拔，从考核升迁到抑制庸滥，从推荐才能突出者到均公田养廉，范仲淹的变革措施相对详尽。早期的"厚民力"到此时具体化为"厚农桑"，且补充了"减徭役"内容。最后增加"覃恩信"和"重命令"两项，以保证朝廷的政策得到贯彻落实。至此，范仲淹完成了从"怎么想"到"怎么做"的转变。全篇文字简洁凝练，重在实用。

宋人种种关于政治革新的言论或作为，可以概括为"择吏为先"四字。第一，范仲淹的变革思想沿着这条线索演变。他在《奏上时务书》中尖锐指出："自古帝王与佞臣治天下，天下必乱；与忠臣治天下，天下必安。"澄清吏治成了庆历新政的核心要务。第二，范仲淹认为治理天下，"文经武纬"，文武两道并重。北宋重文轻武，他就专门提出武备问题，要求朝廷居安思危，大臣也要论武于朝，推举"忠义有谋之人"委以边防重任，选拔"壮勇出群之士"用于军队，以保证国家的安全。第三，范仲淹认为朝廷任命职官，必须"以贤俊授任，不以爵禄为恩"。具体地说，应该重视馆阁人才储备，重视科第出身，为国家选拔栋梁之材。第四，范仲淹认为谏官、御史，是朝廷的"耳目之司"，朝廷应该广开言路，勉励谏官"进药石"之言，对忠言谠论的谏官"宜有赏劝"。第五，范仲淹认为宋代恩荫过滥，权贵之家，"簪绂盈门，冠盖塞路"。而且，考评官员，只注重资历，不考核政绩，以致"贪忍之徒""仕路纷纭"。朝廷应该"澄清此源""以治乱为意"。

范仲淹在论述了变革宋代政治的五方面主张后，又特地对皇太后、皇帝两宫提出仁慈、节俭、勤勉、公正的要求。君主应该敦厚好生之德，推及不忍之心，示万民以仁慈之怀，少度僧尼，不兴土木，以勤俭节约劝勉天下百姓，勤于政事，恤贫问寡，不分贵贱亲疏，公正廉平，一视同仁。他还要求君主选贤任能，兴利除弊，不要轻易出去巡幸，应该采纳长远之策，探讨政教之源流，议论风俗之厚薄，陈述圣贤之事业，穷究文武之得失，等，不要为刑法、钱谷等"浅末之议"所迷惑，应该兼采众长，不可偏听独断，慎重对待密奏，警惕亲近小臣。

范仲淹的《上执政书》有了很强的现实问题意识，针对仁宗时期存在的六个方面问题——朝廷安乐，忠言难纳；天下太平，奸雄觊觎；武备不固，夷狄窥伺；贤才不用，大权旁落；奢侈无度，民力已竭；百姓困穷，邦本不固，提出具体整改应对措施："固邦本，厚民力，重名器，备戎狄，杜奸雄，明国听。"并对这些应对措施和具体落实方案，作了相对详尽的分析。

第一，巩固邦本，落实为"举县令，择郡长，以救民之弊"。如果地方长官选择不精当，就会出现簿书不精、猾吏不惧、徭役不均、刑罚不当、民利不兴、民害不除、鳏寡不恤、游堕不禁、播艺不增、孝悌不劝等许多弊病，对此，地方官有不可推卸的责任。如果朝廷是担心改革会引起中、下官吏阶层的不安骚动而不愿改变现状，完全可以通过降恩升官的"善退"之法，使年老昏愚退位。对于州郡长官，朝廷可以派巡抚明察暗访，考核政绩以升降。然后精择贤明称职、绩效突出者予以拔擢委任，以解救百姓苦难。如此推行三五年，则天下吏治澄澈，政治清明。

第二，培植民力，落实为"复游散，去冗僭，以阜时之财"。具体做法是：朝廷要限制释道人数，排除社会上的游散懒惰势力，淘汰年迈羸弱之兵，精简冗杂多余的官吏，不用珠

081

玉珍玩之器，减轻百姓负担，鼓励农业生产，使他们过上富裕的生活。

第三，重视名器，落实为"慎选举，敦教育"，不断发现、培育、荐举杰出人才，使各种重要职位后继有人。具体做法是：改革科举考试制度，将策论提到诗赋之前，以科举制度促进士人改变学风，经世致用。兴办州县学校，网罗天下英才而教育之。恢复"制科"考试，选拔特殊人才。

第四，防备戎狄，落实为"育将材，实边郡，使夷不乱华"。具体做法是：搜罗智勇双全堪任大将者，秘密教授兵术谋略，派往边疆任职锻炼。举行武举考试，选拔专门人才，巩固充实边防，抵御夷狄入侵。招募本土之兵，勤课营田之利。再命诸郡知州、通判专谋耕桑，充实军需储备。

第五，杜绝奸雄，使朝廷不发生重大过错，老百姓不致对政府心怀怨恨，不给造反者提供作乱的机会。具体做法是：约束皇亲国戚内侍近臣，严禁土木兴建工程，均衡官吏俸禄，抑制恩荫制度，修复纲常纪律。

第六，"明国听"，就是要保护忠臣，驱逐奸臣，辅佐皇帝做一代明君。

范仲淹这次上书阐述变革思想，重点突出，思路成熟，措施具体，层次分明，自成体系，"庆历新政"的大致构思在这里已经形成。他把官僚队伍的变革放在首位讨论，核心问题得以明确，从而确立了庆历新政的变革思想体系。范仲淹在地方基层任职多年，对中下层官员的现状比较了解。他深知朝廷的一切政策措施，都要通过地方州郡长官和县令们得以贯彻实施。所以澄清吏治成为重中之重。全文讨论六个方面问题，有四个方面都是围绕官员队伍建设问题展开。文章讨论的第二个重点问题是"厚民力"，也就是提升国家经济实力、改善百姓生存、生活水平问题。这应该是体现中央或地方政府政绩最主要的一个方面。范仲淹每次上书倡言变革，都要涉及军队建设问题。两年前要求朝廷文武二道相经纬，这次具体化为"备戎狄"，"庆历新政"时推出"修武备"变革条文，这在范仲淹的变革思想中是一以贯之的。范仲淹这时比较切实具体的变革措施，在后来他主持西北前线军政大局时许多得以贯彻落实，在抵御西夏入侵的过程中，发挥了重大作用。

变革思想之核心

（1）"穷则变，变则通"

范仲淹主要活动在北宋王朝由盛到衰的转折时期。在他踏上仕途前后，随着阶级矛盾的激化，宋朝就开始不断爆发小规模的农民起义和士兵哗变，而西北的辽、夏政权的威胁也日益严重。宋朝虽然拥有数量庞大的官僚机构和上百万的军队，却既没有能力平息农民起义，也难以有效地防御辽、夏的侵扰，无形中陷入或被农民起义推翻，或被辽、夏铁骑颠覆的危险之中。北宋统治集团中的大多数人，依然不愿正视现实，一味因循守旧地混日子。但也有一部分封建士大夫，意识到局势的严重，在痛感政治腐败的同时，开始寻求摆脱危机的办法。范仲淹就是其中的杰出代表，他认为宋朝的太平盛世已经过去，国家的弊病太多，已经到了非变革不可的时候了。于是恳请朝中的当权者克服因循守旧的思想，厉行改革，除旧布新。天圣五年，他不顾因母丧守制的清规戒律，向朝廷呈上一份长达万言的《上执政书》，从儒家经典《易经》中去寻找"穷则变，变则通，通则久"的理论依据，强调指出，要使国家长治久安，必须效法尧舜，思变通之道，进行改革。这就充分体现了他通经致用的社会实践特色。

(2) 固邦本，厚农桑

如何变革才能使北宋摆脱危机呢？范仲淹继承了儒家"民惟邦本"的传统观念，认为要摆脱危机，唯在善政、养民、务农。百姓是社会财富的生产者，是国家赋税、徭役、兵役的承担者，只有使百姓安居乐业，国家财政才有来源，社会秩序才能稳定，国家才能长治久安。因此，他认为民是很重要的，君主要把民当作肌体一样去加以爱护、抚养，否则，失去了民众，就像一个人的肌体死亡了一样，一个国家就会走向灭亡，那时就后悔莫及了。他在《君以民为体赋》中阐述了君民之间二位一体的密切关系，认为大臣忠君的表现就是要爱护子民，竭尽全力协助君主把百姓的事情办好，奖劝农桑，发展经济，在"固邦本"上下功夫。他在《上执政书》中说："今圣人在上，老成在右，岂取维持之功，而忘磐固之道哉！某窃谓相府报国致君之功，正在乎固邦本、厚民力、重名器、备戎狄，杜奸雄、明国听也。"在这里，他把"固邦本"列为宰相职责的第一项，可见重视程度之高。

如何才能使本固邦宁呢？范仲淹认为"固邦本者，在乎举县令、择郡守，以救民之弊也"。县令、郡守是老百姓的父母官，是决定子民安危的主导因素。所以朝廷应该从县令、郡守的人选及其为政的好坏上去认真筛选，好好把关，这是固邦本的关键一环。另外，荐举之法也可行。宋代任官上，有所谓"保任之制"，即低级官员通过高级官员的举荐，可以提前升迁，若举荐失实，举主也要受到惩罚。因此，通过举荐任命的官员，相对说来要比单纯按资历任命官员的办法好一些。范仲淹认为，地方州县官大多数为按资考序进者，这些人多数不能为政，因而使百姓受害。为了解决这个问题，对县令、郡守的人选就要十分慎重。为了保证举荐得人，首先必须认真挑选举主，可委托中书、枢密院臣僚，在朝臣中荐勘充举主者，然后让他们加以举荐。州县官吏任用得人，就可以使生民受赐，寇盗自息。

另外，范仲淹认为，君主还必须敦促各级部门统一协调，搞好农业生产，使百姓衣食丰足，百姓才会不起来反抗，国家才能长治久安。养民之政，必先务农，君主要把农业放在首位，采取"厚农桑"的政策，改善农业生产条件。为此，他提出在农闲时充分调动官民积极性，大兴水利，改善农业生产条件。范仲淹不仅有这样的主张，并且也躬身实践。天圣四年，他任监泰州西溪盐仓时，就曾经建议修复唐代的捍海堰，使沿海之地免于水患。景祐元年（1034），他知苏州时疏浚五河入海，确保了江南地区农业丰收。再者，他认为"厚农桑"还必须关心百姓的疾苦，要"宽赋敛、减徭役、存恤孤贫"。繁重的赋税徭役，使农民不能保证最低的生活，再加上水旱等自然灾害，往往使农民破产流亡。这样一来，非但不能保证农业生产，甚至还会使走投无路的农民铤而走险，发生暴动。所以，他主张应当减轻农民的赋役负担，在灾害发生时还要注意救济，这样才能使百姓安定。江淮发生蝗旱灾害，他前往安抚，所至皆开仓赈之。他任参知政事期间，主张将人口较少的州县加以合并，以减少农民的徭役负担。在他的建议下，西京河南府十九县，并为十二县，裁去大批冗杂吏员，减役人一千五六百户，使他们回到土地上进行生产。上述主张若能实施，在维护、发展农业生产，减轻农民负担等方面，都会起到积极作用。

（3）明黜陟，抑侥幸

北宋王朝建立后，在加强中央集权的过程中，采取了分散官吏事权的办法，扩大了官僚机构，在任官上，又采取了官、职、差遣分离的办法，随后又扩大了科举的名额，这就大大增加了官员的人数。北宋统治者为了笼络官僚地主和换取他们的支持，还特别放宽了所谓"磨勘法"和"恩荫法"，使官员数量激增而形成"冗官"局面。由于官员的待遇特别优厚，因而冗官又带来了冗费。官僚机构庞大，官员人数很多，但行政效率却极低，政治极端腐败。对北宋腐朽的官僚制度，范仲淹提出了尖锐的批评。他认为有宋开国之始，文武百官皆无磨勘之例，政绩突出者，擢以不次，无所称者，至老不迁，故人人自励，以求绩效。今文职三年一迁，武职五年一迁，谓之磨勘，不限内外，不问劳逸，贤不肖并进，故不肖者尸位素餐，安然而莫有为也。这种论资排辈，按年限升级的"磨勘法"，是极为有害的。当时只要不犯大的错误，混上三年五载就可以照升不误，因此，官员们人人不愿革新上进，而对于别人的上进，也加以嫉妒，唯恐别人有了政绩而显出自己无能，便百般非难、讥笑。当别人革新求进中出现缺点时，他们就幸灾乐祸，落井下石，加以排挤、陷害。他们虽身居要位，但对国家的前途和百姓的疾苦，全不放在心上，心中所想的只是如何保官位、保特权、升官发财。这些官僚，因循守旧、多一事不如少一事，饱食终日，无所用心，整天在混日子。这种腐朽的作风，使"百事废堕"，什么工作也干不成，什么事情也不能办，结果使"生民久苦"，激化了阶级矛盾，终于出现了农民起义，造成了北宋统治的危机。

范仲淹认为腐败的"磨勘法"，必须加以改革。废止论资排辈，对有能力者越级提升，不称职者坚决罢黜。只有干好干坏不一样，才能提高行政效率，改变因循守旧的腐朽作风，才能兴利除弊，缓和阶级矛盾，国家才能安定。恩荫，是官僚的一种封建特权，仁宗时这种特权已泛滥到极为严重的程度。恩荫的泛滥，使许多人侥幸得官，有人不学无术，有的还是儿童，甚而有的还是襁褓中的婴儿，却都因恩荫而得官了。只要能与官僚们拉上关系，找上门子，人人都可以当官。而且一旦当了官，就等于拿到了铁饭碗，终生受用无穷，到头来又可以步步高升，再去奏荐恩荫别人为官。久之，则官职缺少，无法安排，只好让他们坐食俸禄。范仲淹认为，恩荫之滥不解决，官员的素质就不能提高，非但使政治腐朽，而冗官造成冗费，国家的财政也会更加窘迫。因此，他认为应当加以规定限制。经恩荫得官的人，一般应有年龄的限制，并且要经过考试，合格者才能任官。范仲淹任参知政事期间，对皇帝给予官员恩荫，总是想法加以劝阻，对恩荫之滥曾起到一定的抑制作用。

(4) 贵纳谏，进危言

范仲淹对于君臣关系，也有很多论述，涉及的方面很广，而其中对君主纳谏、臣僚进谏方面论述得最为详尽。在这方面，他与历代封建士大夫一样，极为推崇抗颜直谏和从谏如流的开明政治局面。他认为君主有至高无上的权力，应大权在握，不应分权于臣下。同时，君主还应乐于纳谏，因为君主深居宫中，若不能听取臣下意见，容易受到蒙蔽，处理政务就会出偏差，因此，君主应当让臣僚进谏，与臣下共治天下。他希望君主能做到兼听广纳，不要听到不顺耳的话就不高兴，要善于听取逆耳之言，让人把话讲完，这样才能听到真正的批评与建议，才能发现自己的过失。另外，还不能偏听偏信，要广泛听取各方面的意见，然后对各种意见深加详览，广泛探讨，谨慎实施。这样才能正确地采纳臣下的意见，为政才不出过失。君主要善于"纳谏"，臣僚就应当勇于"进谏"。只有不怕引起君主盛怒，置个人生死于度外的人，才敢于犯颜直谏。君主既然善于纳谏，臣僚也就不应当"逊言逊行"，而应直言君主的过失，做到"危其言行"，无保留地提出批评与建议。臣僚们人人能够直言敢谏，君主就不会有过失，政治就会清明，阶级矛盾就可以得到缓和，国家就可以安定，天下就能太平无事。在封建社会中，这虽然是不可能完全做到的，但当时能提出这些主张，也是可贵的。在进谏方面，范仲淹也做到了言行一致。天圣七年（1029），他任秘阁校理时，就曾犯颜直谏，反对仁宗在冬至日率百官上皇太后寿。当时，刘太后受真宗遗诏听政，百官畏太后，无敢言者，他却上书要求太后还政，被贬为河中通判。景祐二年（1035）他权知开封府，又上书弹劾权相吕夷简，并作《帝王好尚论》《选任贤能论》《近名论》《推委臣下论》四论，指责朝政，被扣上一顶朋党的帽子，以"越职言事"的罪名，贬知饶州。他虽因为进谏而一再贬官，但却毫不介意，依然不断直谏。

综上所述，范仲淹在北宋中期社会矛盾激化，政治危机严重之时，提出"变通之道"，主张进行政治改革，限制封建特权，澄清吏治，广开言路，改善农民生产、生活条件，减轻农民负担等举措，是切中时弊和适时正确的，后来多在新政中得到体现。这些主张若能实现，就能对封建生产关系起到某些调整作用，有力地推动社会生产力的发展，促进国家富强，社会安定。

第 4 章

宋学开山及士风

范仲淹身体力行儒家仁者爱人的主张，泛爱乐善，礼贤下士。他登上历史舞台，身体力行儒学之道，以政治推进学术，以学术指导政治，在振兴儒家传统方面，起了别人起不到的作用，是宋初儒学振兴的关键人物之一。他倡导名教之说，创通经术，培植推荐人才，开书院讲学风气之先，直接促进了宋代理学的产生，程子、朱子都尊他为理学的先驱。他以身践履的政治活动，以及奖励名节与兴学倡教相结合的教育实践改变了士林旧习，影响了社会世风。他提出的"忧乐观"无异于一剂医世良药，具有激浊扬清、警醒世人的重大现实意义。

一、学术地位

从中国古代学术流变轨迹看，先秦诸子时代结束以后，儒学的发展又经历了两次黄金发展期，一是汉代，二是宋代。宋代儒学这一划时代的新发展，谓之新儒学，即宋学。它与汉学对立，形成迥然不同的新思路、新方法和新学风，其中心为复兴儒学以代替佛教作为人生之指导，重建以儒学为核心的中国历史文化传统。

宋学作为一种社会思潮或学术文化思潮，开创于兴学育才，然后在改变士风，培养人才，开拓学术新天地中不断酝酿、形成、发展和演变。钱穆先生曾说："宋学最先姿态，是偏重在教育的一种师道运动。"这一运动可追溯至中唐韩愈的名著《师说》，谓师者"所以传道、受业、解惑"。"传道"，即传尧、舜、禹、汤、文、武、周公、孔、孟之道。宋初三先生胡瑗、孙复、石介在教育方面也以传此道为己任，开创宋学风气之先。欧阳修说："明道以来，学者有师，惟先生（胡瑗）暨泰山孙明复、石守道三人，而先生之徒最盛。"反映的就是这种情况。《宋元学案》把胡瑗列为第一学案，清代学者全祖望在《安定学案》序录中说："宋世学术之盛，安定、泰山为之先河，程、朱二先生皆以为然。安定沉潜，泰山高明，安定笃实，泰山刚健，各得其性禀之所近。要其力肩斯道之传，则一也。"诚然，上述三先生和欧阳修等众多学者们，为宋学的勃兴作出了种种努力，可谓宋学之先驱代表。但最先登上历史舞台，为宋学开端引绪者，当首推政治家兼学者的范仲淹。

躬行践履，振兴儒学

魏晋六朝以来，庄老方滋；隋唐五代时期，佛教盛行，不断破坏和解构着中国儒家传统思想文化，引起了旷日持久的儒、佛、道之争。中唐的韩愈奋起排佛，大力弘扬儒家的人文之道。宋学最大的特点是注重义理，反对汉儒专在字句上作训诂的做法，提倡研究儒家经典的微言大义，甚至可以离开经文注经，或可删补章句，通过对儒家经典切身体会阐发其深奥的义理。因此，宋以后，人们把讲求儒家经义、探究名理的学问叫作义理之学。范仲淹曾入应天府书院求学，深受戚同文"纯质尚信义""以道义自富"的遗风流韵之影响。他上承前贤，尊崇六经，振兴儒道，砥砺"名节"，不仅为当时的士大夫树立了榜样，也使整个社会的政治、学术风气发生了很大变化，为宋学的兴起，打下了基础。

范仲淹不仅是一位杰出的政治家，也是一位造诣高深的学者。首先，他治学以宗经为特色，精通六经大旨，善于发挥儒家经典的微言大义，最擅长《易》，著有《易义》一篇，约四千字，记录了对《周易》中乾、成、恒、遁、大壮、晋、明夷、家人、睽、蹇、解、损、益、夬、萃、升、困、井、革、鼎、震、艮、渐、丰、旅、巽、兑二十七卦的解释，其中对《周易》上经只解释乾卦，下经则解释从成卦至兑卦，中间缺妖、归妹两卦之诠释。在范仲淹看来，任何学术思想只有与实践相结合才能显出勃勃生机。他将解《易》的宗旨归结为人事，或通过分析卦的内外二体关系来解《易》；或通过卦与卦的对比来解《易》；或以爻位本身来解《易》。他的解《易》宗旨及所用的方法对后世影响颇大，在易学发展史上的重要性不容忽视。此外范仲淹还有数篇以阐发《周易》思想为主旨的律赋，如《四德说》《蒙以养正赋》《贤不食家赋》《穷神知化赋》《易兼三材赋》《乾为金赋》《天道益谦赋》《水火不相入而相资赋》等短文，或解《易》理，或发挥《易》义，不拘泥于汉唐旧注，析理精微，开宋代义理派说《易》的先河。

范仲淹在研究《易》时，发展了儒家天人合一的理论，将天地人三才之道及其各层面之道整合为一个和谐浑融的整体，提出《易》兼三才，天人合一的宇宙观。他在《四德说》中，从《易》道天地人之际和谐共处的立场出发，以元、亨、利、贞四德会通天地、人事、国家、物象而释之，实开内圣外王之学的先河。他在天地人三才关系上，则突出继承"人能弘道"

的人本思想。在认识论方面，他强调人应该把握自然发展变化之理，善于抓住有利时机，根据外界形势变化而调整自我言行，妥善处理各种事务及关系。在他看来，经书不是空洞的理论教条，而是士人经世致用，变革现实、除弊兴利的实践指南。他多次上书引用《易》"穷则变，变则通，通则久"的至理名言，以此谆谆启发仁宗，劝诫执政大臣，遵从圣人作《易》之宗旨，在变化损益中探寻国家长治久安的方法和措施。这种重视实践义理之学的学风与改革科举制度而重策论、轻辞赋相结合，使天下士人的文风大为转变，唐宋文以载道，文从字顺的古诗文运动得以发扬光大。

范仲淹还很重视《中庸》。天圣六年（1028）他执掌应天府学时作《南京府学生朱从道名述》云："若乃诚而明之，中而和之，揖让乎圣贤，蟠极乎天地，此道之致也，必大成于心而后可言焉。"全文就《中庸》奥旨微义进行合理发挥，充分表达了士人由修身、齐家而建立理想政治社会秩序的意识，而且也含有"内圣"与"外王"相贯通的思想观念。康定元年（1040），范仲淹任陕西经略安抚副使，张载来谒，有投笔从戎之意，范仲淹即云："儒者自有名教可乐，何事于兵！"因劝其读《中庸》，引导张载入圣人之室。所谓"名教可乐"也就是儒家的"道义之乐"，后来张载说"君子乐得其道"，当是受到范仲淹思想的影响；张载还发挥《中庸》的"诚明"之说，提出"性与天道合一存乎诚"，这也有范仲淹由以启之的思想渊源。

另外，范仲淹对《春秋》也很看重。他在《说春秋序》中极论"谨圣帝明皇之法，峻乱臣贼子之防"，认为方今学者欲要"以天命之正性，修王佐之异材"，一定要精通《春秋》，学以致用，为现实政治服务。范仲淹在执教应天府学时，授孙复以《春秋》。孙复后来著《春秋尊王发微》十二篇，以尊王攘夷黜诸侯为论，显示出强烈的经世致用思想，颇得圣人之意。程门弟子中胡安国著有《春秋传》三十卷，强调尊王之义、华夷之辨和义利之辨。胡氏的春秋学除了受二程的影响之外，亦有范仲淹、孙复的春秋学为之前驱。

其次，范仲淹善于从天地之道推演人类社会之理。他用天尊地卑的理论来论证封建等级制度的合理性、永恒性；用天地自然界中的事物来阐发人类社会中等级制度的合理性和治国、修身的道理，引申出治国者应该因时制宜，根据时代的不同而提出和使用不同的治理方法。"有宋大儒，无不治经"，正由范仲淹发其端。在他的影响下，胡瑗、孙复、李觏等人也注重阐发义理。胡瑗仿效范仲淹《易义》之体例，写出《周易口义》十二卷、《中庸义》一卷、《春秋口义》五卷、《洪范口义》一卷。胡瑗讲明体达用之学，对程颐影响很大。孙复治理《春秋》，不惑传注，不为曲说以乱经。言辞简易，堂庑阔大，推究诸侯大夫之功罪，以考时之盛衰，而推见王道之治乱，得于经之本义尤多。李觏提倡"为学必欲见根本，为文必欲见义理"，更重视推究义理以达到经世致用的目的。在范仲淹、胡瑗、欧阳修、李觏等学者疑古之风的倡导下，宋代士人治经多注重探索本义，抛开传注，以义理解释经典，以救时行道为贤，以犯颜纳谏为忠，开启了宋明理学之先声。

再次，范仲淹将士人的学风，即士人能否继承儒家的"师道"，探明儒经之大旨，掌握治世之大才，看作国家的治乱之源；而此源头的澄清，又在于国家取士制度的改革和吏治的清明。这一精神在后来的庆历新政中得以贯彻实施。可见庆历新政不仅关乎宋人的"革新政令"，而且关乎宋学的"创通经义"。范仲淹在学术思想方面，团结了一批名儒学者，摆脱了汉儒烦琐章句之学的束缚，从学以致用出发，理解经义，以义理说经，开创内圣外王学术新路，改变了学风，扭转了文风。他们把经学研究与社会实践、经邦济世相结合，走出了一条理论联系实践，重实践、讲实用、务实效的通经致用的新路子。这在中国学术思想史上具有划时代的意义。

最后，范仲淹一生重视教育，兴办学校，执教有方，发现和培养了一大批儒家人才。宋初的儒学、文学之士多出自他的门下，这也是他对宋代学术思想史的一大贡献。他在学术思想史上的地位，与他在宋代政治社会发展史上的地位一样，同样值得我们重视。

提携宋初三先生

范仲淹身体力行儒家仁者爱人的主张，泛爱乐善，礼贤下士。宋初三先生对他的人品政绩、经术学问也推崇备至。他们作为范仲淹门下的贤士，在治学方面很相似，不求烦琐的考据，只求通其要旨，不拘于传注，而着重于实用。天圣五年（1027），范仲淹因丁母忧寓居南都。当时晏殊为留守，请他掌应天府学。范仲淹一边勤劳恭谨地训督学生，一边忧思国事，构思《上执政书》，指出国家弊病所在，呼吁宰辅进行改革。他在执教期间结识了孙复，宋学发展史上两位重要人物的因缘际会，实为宋代新儒学兴起的一个重要契机。

孙复（992~1057），字明复，晋州平阳（今山西临汾）人，幼年丧父，家境贫寒，但力学不辍，饱读六经，贯穿义理，四举开封府进士不中。他谒范仲淹于执教之时，受到范的帮助、激励，被补以学职，授以《春秋》，得以安心向学。最终，他潜心学术，不负所望，成为一代名师。他以治《春秋》出名，最能体现其学术主旨的代表作是《春秋尊王发微》，言简而义详，突出强调诸侯大夫之功罪，以考察时代之盛衰，探究帝王之治乱。庆历二年（1042），范仲淹为陕西经略安抚副使，他在戎马倥偬中写有《举张问孙复状》，荐孙复"素负词业经术，今退隐泰山，著书不仕，心通圣奥，迹在穷谷"，希望朝廷"赐召试，特加甄奖"。仁宗依范仲淹、富弼的推荐，任命孙复为秘书省校书郎、国子监直讲，与石介一起执掌太学教席，大盛太学。

石介（1005~1045），字守道，一字公操，兖州奉符（今山东泰安）人，世称徂徕先生。天圣八年进士。曾创建泰山书院、徂徕书院，以《易》《春秋》教授诸生，后任国子监直讲，从儒家立场反对佛教、道教，标榜王权。他坚守儒家的道统观、文统论，以卫道者自居，抨击宋初浮华文风，因矫枉过正，形成一种险怪奇涩的太学体。他和孙复、胡瑗一起提倡"以仁义礼乐为学"，重义理，不由注疏之说，开宋明理学之先声。孙复在泰山苦学期间曾给范仲淹修书一封，希望他能向皇帝或执政大臣推荐石介担任学官，以恢张舜、禹、文、武、周公、孔子之道。石介在庆历新政时出任学官，并作《庆历圣德诗》，为范仲淹等革新派大唱赞歌，是新政的拥护者。

胡瑗（993~1059），字翼之，泰州海陵（今江苏泰州）人，因世居陕西路安定堡，故世称安定先生。"七岁善属文，十三通五经，即以圣贤自期许。……家贫无以自给，往泰山与孙明复、石守道同学。"又"攻苦食淡，终夜不寝，一坐十年不归。得家书，见上有'平安'二字，即投之涧中，不复展，恐扰心也"。在此期间，三先生相互砥砺，而范仲淹的"慎选举，敦教育"的思想也通过孙复而传达给了胡瑗、石介。胡瑗的《周易口义》体现出的治天下未有不以足食为本的观点，将经义研究与国计民生相结合。景祐二年（1035），范仲淹在苏州，奏请立郡学，并且把所得南园之地建为"义学"，希望"天下之士咸教育于此"。此年，范仲淹延聘胡瑗"为苏州教授，诸子从学焉"，同时写信给孙复，希望他到苏州"讲贯经籍，教育人材"。八月，范仲淹被召还判国子监，总管学校教育。朝廷更定雅乐，诏求知音，范仲淹推荐胡瑗，使其得以布衣对崇政殿，授试秘书省校书郎之职。康定元年八月，范仲淹辟胡瑗任丹州（今陕西宜川）军事推官，经略使司勾当公事，处理公务很称职。皇祐二年（1050），胡瑗在范仲淹举荐下再次被召，参与"作乐事"，受到朝廷的嘉奖。嘉祐元年（1056），胡瑗被任命为太子中允、天章阁侍讲，仍监管太学，以经世致用的教学方法为国家培养了大批人才。嘉祐四年以太常博士致仕。

李觏（1009~1059），字泰伯，号盱江先生。历任太学说书、海门（今江苏海门）主簿、太学直讲等职。他博学通识，以治《周礼》而名，不拘泥于汉、唐诸儒的旧说，敢于抒发己见，推理经义，从中探索解决当时社会问题的方法与途径。他认为君主是为民而立的，君若不能爱民，就要"灭之"。还提出"立法制，均土田"的主张，呼吁朝廷平土均田。范仲淹主持庆历新政，李觏是其积极的支持者。二人志同道合，都以天下兴衰为己任，都有变法革新、理财富国的思想主张。李觏的脱颖而出离不开范仲淹的大力举荐。景祐三年，范仲淹知饶州时建郡学，邀李觏前往讲学。景祐四年，范仲淹徙知润州建郡学，再邀李觏讲学。宝元元年（1038），范仲淹徙知越州。次年，李觏应招到越州讲学。皇祐元年，范仲淹上《荐李觏并录进礼论等状》，称李觏"讲论六经，辩博明达，释然见圣人之旨；著书立言，有孟轲、扬雄之风"。皇祐二年八月，范仲淹又举荐他为太学助教。

庆历新政期间，孙复、石介并为国子监直讲，教授经业，训导德行。范仲淹又有《奏为荐胡瑗李觏充学官》，其中说胡瑗"志穷坟典，力行礼义，见在湖州郡学教授，聚徒百余人，不惟讲论经旨，著撰词业，而常教以孝弟，习以礼法，人人向善，闾里叹伏，此实助陛下之声教，为一代美事"。由此，胡瑗的"苏湖之法"得到朝廷的肯定和推广，胡瑗本人也被召为诸王官教授。宋初三先生与范仲淹及庆历新政的关系密切，于此可见一斑。庆历新政的夭折，发端于石介的被诬陷而死，孙复亦被罢贬。

总之，宋初三先生和李觏、张载等人都是在范仲淹的不断扶持、激励、延聘和推荐下，才得以在宋代思想史或学术史上发挥重要作用。正是由于他们志同道合，政教一体，同心协力，庆历新政才成功地确立了创通经义，明体达用之学。

范仲淹与理学

范仲淹是"宋学精神"的开创者，与理学在思想上也有着密切的联系。《宋史·范仲淹传》云："仲淹泛通六经，长于《易》。学者多从质问，为执经讲解，亡所倦。"范仲淹的"泛通六经"，重在领会六经之大旨、大义，而不拘泥于经书的章句训诂，期在使人"不专辞藻，必明理道"。他在庆历新政中通过改革科举考试的风标，成功扭转了"修辞者不求大才，明经者不问大旨"的宋初学风，将认明"经旨""理道"置于"辞藻""墨义"之上，从而开辟了皮锡瑞《经学历史》所说的"经学变古时代"。南宋陆游说："唐及国初，学者不敢议孔安国、郑康成，况圣人乎？自庆历后，诸儒发明经旨，非前人之所及。"又宋末王应麟说："经学自汉至宋初未尝大变，至庆历始一大变也。"他们都指出这一重大转变始自庆历新政。"诸儒发明经旨"即钱穆先生所说宋学之"创通经义",直到南宋朱熹宋学义理精深,规模始大。朱熹成为宋代经学和理学的集大成者,渊源有自。

范仲淹重视教育,大兴学校,书院讲学,也开宋代风气之先,对宋学的发展壮大也产生了深远影响。他从入仕之初就注意延揽人才,创办教育。此后所到之处,首重兴学育才,办学成绩卓著。庆历三年(1043),他在《答手诏条陈十事疏》中又提出"精贡举""兴学校",把科举考试与学校教育联系起来考虑,作为革新政策的立足点。所谓"慎选举",就是要改革科举以诗赋为先的考试方式,"先策论以观其大要,次诗赋以观其全才;以大要定其去留,以全才升其等级;有讲贯者,别加考试"。"诸科经旨通者为优等,墨义通者为次等""使人不专辞藻,必明理道",如此则"天下讲学必兴,浮薄知劝,最为至要"。所谓"敦教育",就是要在地方普遍建立郡学,复学校之制,先授之以六经,次之以正史,该之以方略,济之以时务,使天下贤俊能以教化为心,趋圣人之门,本于儒家的"经义"或"经旨"而经国济民,成王佐之器。如此行之数年,可望"士风丕变",此乃"择才之本、致理之基也"。"宋初三先生"在范仲淹的激励、延聘、推荐和影响下,先后掌管太学,以明体达用之学授诸生,正是本于他的教育思想。庆历新政失败后,这种教育思想则因胡瑗执掌太学而得以发扬光大。此后学者能明白圣人之体用,以为政教之本,除了胡瑗的教授之功外,还应归功于范仲淹的首倡之功。至此,明体达用之学推广开来,成为理学之先驱。以后荆公学派和南宋浙东事功学派,都继承范仲淹所开创的这种学风。

范仲淹注重"经济",将"辞藻""墨义"置于"经旨""理道"之下,这对于宋代学风的转变起了关键的作用,开启了宋代"理学"的方向。庆历新政对士人学风的转变影响深远。如庆历六年进士刘敞《公是集》卷五《贺范龙图兼知延安》、卷二四《闻范饶州移疾》、卷二六《闻韩范移军泾原兼督关中四路》，皆发自肺腑地称颂范仲淹。他的《七经小传》一反汉唐章句注疏之学，多以己意论断经义，后来受到朱熹赞扬。刘敞学风的转变正是庆历新政对学人产生影响的表现。又如理学家程颐和政治家王安石早年都分别撰写过《上仁宗书》，书中表达的思想理念与庆历新政的革新精神是一致的，可以说都在不同程度上受到了新政思想的影响。

范仲淹与理学在思想上的联系，更主要的是他首先在宋儒中提出了"孔颜乐处"的问题。大中祥符七年（1014），范仲淹在应天府求学，曾作《睢阳学舍书怀》一诗，"瓢思颜子心还乐，琴遇钟君恨即销"，以此概括其苦学期间的精神境界。所谓"瓢思颜子心还乐"，就是在箪食瓢饮或"断齑画粥"的艰苦物质生活中仍有一种自足的"道义之乐"，此为儒家的内圣境界；所谓"琴遇钟君恨即销"，就是有一种"仁以为己任""心忧天下"的外王志向，这种内圣外王的宏大志向只有在一定的"时遇"下进入仕途才能得以充分施展。前者之"乐"，是儒家"为己"的安身立命之处；后者之"忧"，是儒家所区别于释老二教的社会价值取向。合此二者，便是儒家的"内圣外王"境界。

范仲淹新政失败后知邓州，应同年滕宗谅之约，写下了千古名篇《岳阳楼记》。其中有云"登斯楼也，则有去国怀乡，忧谗畏讥，满目萧然，感极而悲者矣"；亦"有心旷神怡，宠辱偕忘，把酒临风，其喜洋洋者矣"，"予尝求古仁人之心，或异二者之为"。这里的"二者"，或感人生际遇之"悲"，或得自然达观之"喜"，实际上在以生动形象的文学语言，喻指佛道二教的精神境界。范仲淹"尝求古仁人之心，或异二者之为"，就是从先秦儒家的思想中提炼出一种不同于佛道二教的价值取向，即"不以物喜，不以己悲"，无论仕途的进退沉浮，始终"忧其民"，"忧其君"，"先天下之忧而忧，后天下之乐而乐"。当范仲淹晚年时，子弟们都劝他在洛阳治第以逸老，他说："人苟有道义之乐，形骸可外，况居室乎！"这里的"道义之乐"突出地表达了儒家之"乐"的主题。

程颐《河南程氏遗书》卷十八说："今之学者有三弊：一溺于文章，二牵于训诂，三惑于异端。苟无此三者，则将何归？必趋于道矣。"程子所说前二弊属于"进士场屋之业"，三弊则是指惑于"释、道山林之趣"，被认为是学之大弊。而"孔颜乐处"正是攻克学者惑于异端的制胜法宝。在封建社会的科举制度下，最终能够顺利通过科举考试之独木桥而金榜题名，进入仕途者数量毕竟有限，而绝大多数士人难免终身是一"寒儒""白衣"或"处士"。当他们屡经激烈的科举竞争，困顿考场，功名难就，心力俱疲，灰心绝望之际，就免不了看破功名二字，归佛入道，闲适山林。"孔颜乐处"在本质上是一种超越功利、功名的"道义之乐"，而是由儒家之"道义"而产生的一种精神上的"自足之乐"，它可以为未能进入仕途或仕途遭贬的士人提供一个安身立命的精神家园。这种"乐"因为是"道义"的，它要"明体达用"，怀抱着把儒家之道"举而措之天下，能润泽斯民"的外王志向，所以它又是一种不同佛老的，是儒家的精神境界。可以说，新儒学就是以此来排斥佛老，"收拾"人才，把广大的士人重新召拢在儒家"道义"这面旗帜下，使他们在"道义"的价值取向中也能得到个人的安身立命之地。这也凸显出宋代理学从"孔颜乐处"向重视"心性之学"的理论发展倾向。

二、范仲淹与宋代士风

纵观范仲淹的一生，他不仅是治军名将、理国名臣，同时也是个克己让人、豁达大度的君子。南宋的教育家、哲学家、思想家朱熹对他推崇备至，认为他是一个杰出之才，在宋朝振作士大夫之功为多。的确，范仲淹"行求无愧于圣贤，学术有济于天下"，其先忧后乐的崇高精神和风范，自强不息的可贵情操和意志，爱国忧民的坚定信念和立场，从政治军的丰富经验和智慧，淡泊廉政的优良传统和作风，博闻广识的精湛学问和志趣，赢得了当时社会精英的一致钦佩和高度赞赏，成为了宋代士人效仿的榜样。正是从这一意义上说，范仲淹不愧为开一代士风的领袖人物。

倡导言风，激励士气

五代是中国历史上的黑暗时代，除了干戈纷扰、政治苛暴外，最严重的是道德沦丧。冯道之徒，一身而仕五朝，位至宰辅，根本不讲什么君臣之义、廉耻之节，恬然自号"长乐老"。像这样的寡廉鲜耻之辈，在五代和宋初的名人心目中竟享有极高的威望，士大夫异口同声，皆以冯道为名臣、为元老。当时士林风气极差，于此可见一斑。宋承袭五代之遗风，一时难以改变。宋太祖在削弱藩镇势力、强化中央集权的同时，崇尚文治，奖励儒术。他在登基之初便表彰韩通、卫融的忠节，尊崇种放的高隐，又有"不杀士大夫"的誓约。然而多数文臣还是积习难返，因循苟且，追歌逐舞，醉生梦死，以姑息为安，以避谤为智，重视名节的，仍属少见。宋太宗、真宗时虽然出现了像田锡、王禹偁这样忠直敢言的谏臣，然而朝中多数执政大臣仍墨守祖宗成法，奉行故事，不愿有所更张。真宗时李沆做宰相，人称"无口匏"，自言凡中外所陈利害的奏章，一概置之不理，这就是他的治国手段。王旦为相，凡事循规蹈矩，不愿变革。真宗欲借封禅泰山收拾人心，害怕他反对，以赐酒为名，在酒坛里装满珍珠，王旦收下后，对天书封禅的闹剧，始终保持沉默。这说明他为了个人的禄位，不敢犯颜直谏，实在有辱臣节。名相尚且如此，更无论一般官僚。

仁宗朝士大夫上书言事者渐多，范仲淹更是其中的领军人物，他提倡名节的思想与实践对宋初以来士风嬗变有极其重要的影响。天圣六年（1028）范仲淹担任秘阁校理，并无发言的职权，就挺身而出，上书反对仁宗率百官上皇太后寿，进而又奏请太后还政。当时刘太后受真宗遗诏听政，人畏太后，无敢言者，仲淹斗胆上疏，实开敢言之风。明道二年（1033）范仲淹任右司谏，同御史中丞孔道辅一起率台谏官员十余人，叩宫门谏止仁宗废郭后，结果被贬外任，一时"骇动中外"。特别是景祐三年（1036），范仲淹权知开封府，发起了对宰相吕夷简的攻击，将其进退官员的情况绘制成百官图献给仁宗，揭露吕培植私人，结党营私。不久，又进《帝王好尚论》《选任贤能论》《近名论》《推委臣下论》四论，讥切时政，把吕比作汉成帝身旁败坏汉朝家法的张禹，提醒仁宗不可将用人大权尽委臣下。吕夷简恼羞成怒，控以"越职言事、荐引朋党、离间君臣"的罪名，将范仲淹贬逐出京，并在朝堂张贴榜文，严禁百官越职言事。这件事在朝廷上下引起轩然大波，一时京城名士群起助范，上疏论救，甘与仲淹同贬。秘书承、集贤校理余靖上言劝勉仁宗从谏如流，追改前命。太子中允、馆阁校勘尹洙上疏论仲淹之直，认为与他义兼师友，愿与同黜。馆阁校勘欧阳修激于义愤，写信谴责右司谏高若讷趋炎附势，不敢谏言，反而在背后讲仲淹的坏话，真是"不复知人间有羞耻事"！结果三人均遭贬谪。西京留守推官蔡襄为此作《四贤一不肖》诗，四贤指范、余、尹、欧阳诸人，一不肖盖刺高若讷。范仲淹与吕夷简之间的这场政争，震惊朝野，在士大夫中引起极大的反响。仲淹被贬，集贤校理王质以被引为仲淹的同党为荣，可表明当时士论的倾向。

当时团结在范仲淹周围的是一群年轻的新科进士，大都职清轻而位卑，故对当日形势体认深切，颇有除旧布新、积极进取的精神。而对吕夷简这样深于世故，持重守成的老官僚，他们既不佩服他培植党羽、联络宫廷和打击政敌的高超手腕；也不赞成他墨守陈规，苟且求安的政治作风；更不屑于他为谋私利不惜因私废公的卑污人格。因而这场由范仲淹发动的言官名士对首席宰辅的弹劾，一开始就预示了力图改革的新兴士大夫同把持朝政的守旧官僚集团之间不可避免的冲突。范仲淹等人怂詈敢言，刚直不阿的行为，以及那种不惮高压、不恋官位，为国家大事敢于面折廷争的风格和气节，引起了士人的仰慕和仿效。可见，经过宋初半个多世纪的酝酿和冲击，到仁宗朝，随着请求太后退位、反对废后、抨击宰相擅权等政治事件渐次展开，范仲淹等人倡导言风，激励士气，遂一扫五代末世之颓风，使士风为之一新。

范仲淹在从政实践中，也是言行一致的。不管是对位极至尊的太后、皇帝，还是权势赫赫的宰相，他都敢于发表忠直之见，逆耳之言，并且始终"不以物喜，不以己悲"，虽屡遭谗谏而罹祸，还是宁竭诚以报国，弗钳口以安身。庆历五年（1045），改革受挫，他被贬知邓州后仍坚持"求民疾于一方，分国忧于千里"。即使在生命垂危之际，还念念不忘敦促仁宗"尊崇贤良、裁抑侥幸，制治于未乱，纳民于大中"。在他的带动下，涌现出一批敢言之士，终于打破了宋廷中循默保守的局面，开启了士大夫积极议政之风，对后世风气的影响强烈而深远。

提倡名教、名节

自中唐五代以来，士风沦丧，道德败坏，儒家道德伦理体系受到破坏。范仲淹针对这种局面，在思想领域里高举"以名为教"，兼济天下的旗帜，向黄老之说发起猛烈攻击。范仲淹首先肯定了儒家治天下之道，提倡名节、振作士风，从孔子《春秋》中找到了有力的理论武器，认为《春秋》即名教之书，褒善贬伪，为的是劝勉后世君臣爱惜自己的好名声，畏惧恶名而慎始慎终。朝廷只有以名作为教化之先，兴廉让，励廉耻，才能劝善止恶，奋发有为。反之，不畏名教，不知荣辱，虽有严刑酷法，也不能止其恶行。其次他抨击庄老之说消极遁世，不可为士人所效法。他说道家遵循消极无为、保身全命之训，他们的门徒非爵禄可加，赏罚可动，岂能为国家所用？所以范仲淹认为治国不能用道家之言，而要用敦奖名教的办法以激劝天下，唯如此才能培养出为国效力的忠臣烈士。他把以名为教、爱惜名誉同自尊廉耻、崇尚气节联系在一起，大力倡导，具有正本清源、针砭时弊的积极意义，故而他所提倡的这种节操常常被时人和后世称之为"名节"。

范仲淹所提倡的名节，其基本内涵表现在两个方面：一是忠节，即对君主忠贞不渝，直言敢谏，无所畏惧；二是廉节，即为官要勤政爱民，廉洁从政，务求无过。他从政三十七年，始终以名节自励，身体力行，率先垂范，以矫正宋初以来的颓靡士习。范仲淹与同时代其他政治家一样，极力推崇唐太宗时"犯颜直谏"和"从谏如流"的清明政治局面。他在处理君臣关系上，把直言忠谏视作表达臣子忠节的主要方式，认为人臣应该直言君主的过失，只要有益于君，虽杀身而无悔。鉴于宋初以来拱默无为的官场陋俗，他把士人分为两类：一类"危言危行"，正道正直；一类"逊言逊行"，远害全身。前者是"发必危言，立必危行"，虽然容易得罪君王，但可"致君无过，致民无怨，政教不坠，祸患不起"，天下太平，浩然无忧。后者虽可得一时安乐，但君王的过失得不到纠正，老百姓怨声载道，以至祸患日起，天下大乱，明哲保身也就办不到了。为了使政治清明，国家安定，他主张朝廷应重奖"危言危行"的大臣，而对以一己之私"逊言逊行"的人臣，应委婉地提出批评和建议。

新兴士大夫既慨然有志于天下，对本身的道德修养亦即"修身齐家"，自然提出更高更严的要求，以矫正晚唐五代以来人心陷溺的积弊，重塑足以支撑国家和社会的人格魅力，注重心性修养的理学也随之勃兴。新的时代产生了新的政治、文学和思想运动，古文运动和理学的勃兴，直接影响了当时以及后世知识阶层的精神风貌。所以范仲淹倡导名教、名节，能够迅速产生"一时士大夫矫厉尚风节"的回应。北宋中期后，不仅官吏议政之风盛行，而且太学生上书抨击时政事件，令人瞩目。待到靖康之变，志士投袂，起而勤王，忠君报国，临难不屈，实可歌可泣。及元灭宋，忠节相望，从容就义，更斑斑可书。

廉洁奉公，德为世范

在中华民族的传统美德中，廉洁之德被视为做人做官应遵循的一项准则，是一种崇高正大的人生境界。范仲淹以天下为己任的博大胸怀，忧国忧民、清正廉洁的高尚情操，不畏权贵敢于直言的傲骨正气和"不以物喜，不以己悲"，宠辱不惊，得失不计的崇高品格，以及"先天下之忧而忧，后天下之乐而乐"的民本思想和政治家的风度，千百年来一直被人们所崇敬和赞颂。

他十分重视廉洁之德，在个人操守方面则提倡廉节，主张为官出仕要廉洁奉公，一念不失，做到"不以己欲为欲，而以众心为心"。他初出仕时，薪俸微薄，还要赡养老母和家人，常自奉俭约，两袖清风。后来经营边事，朝廷赏赐金银很多，他都全部分给将佐或周济游学的寒士，乐善好施，从不置办家产。他深信"惟俭可以助廉"的道理，只有自身保持廉洁，才敢于约束胥吏，不致纵容其害民。

他主张做官不仅要以清白廉洁为准绳，还应有德义于百姓，赈穷恤贫。他多次上疏仁宗和执政大臣，要求统治者"顺民心"，"救民弊"。他主持庆历新政时，更把"厚农桑""减徭役"作为改革的重心加以实施。他历官所至，无不推行惠民之政。如他任泰州西溪盐仓时，建议修复泰州捍海堰，使沿海之地免于水患。知苏州时，又奏准"疏五河，导太湖注之海"，亲自主持督导疏浚工程，确保了太湖地区的农业丰收。此外，他还主张采用经济手段加强地方官的责任感，督其廉节，以扭转士风。他认为天下官吏不廉则枉法，枉法则害民，因此他主张均公田，使地方官无论大小，都能够得到厚禄而尽职。正因为他做官清正廉明，不谋私利，因而成为士大夫和百姓崇敬的好官楷模，天下想闻其风采，贤士大夫以不获登其门为耻，下至里巷，远至夷狄，皆知其名字。他还时常在书信中反复告诫晚辈们在仕宦中要谦虚谨慎，廉洁奉公，遵守吏道，清心做官，不得做出违法乱纪、假公济私之事。

《宋史·范仲淹传》云："每感激论天下事，奋不顾身。一时士大夫矫厉尚风节，自仲淹倡之。"范仲淹砥砺名节，倡导言风，所以能够在士大夫间得到巨大的回响，是有其深厚的社会基础的，是与唐宋之际社会变革有关的。经过中唐封建生产关系的重大调整，东汉以后形成的门阀士族地主至唐末五代之际已荡然无存，庶族地主逐渐取代了士族地主的地位，以科举作为入仕的主要途径，成为社会上的统治阶层。这批人一般经过多年"治经阅史"的读书生涯，又经过解试、省试、殿试三级比较严格的考试，具有相当的文化知识，比较注重地主阶级的整体利益和长远利益。他们拥有实践儒家政治思想的抱负，以天下的忧乐为己任，心存经世，志在改革，不以登科及第，求得个人荣华富贵为人生目标。再加上宋代以文治国，优待士大夫的既定政策，大大鼓励了士人从政的积极性，引发了他们中的优秀分子对民族、社会、国家、文化担负责任的自觉性。

这种以天下为己任，居安思危，未雨绸缪，忧先乐后的担当精神，自觉意识，早已蕴藏在同时代士人的心中，最终由范仲淹概括和呼唤出来，因此取得了登高一呼、四方景从的效果。新兴士大夫阶层在这种时代精神的召唤下，参政议政的热情空前高涨，对国家大事举凡"天下之得失，生民之利害，社稷之大计"都要发表意见，担负责任，以实现"治国平天下"的宏愿。

总而言之，自范仲淹立朝，宋初以来明哲保身的政风大为改变。他那刚正不阿、敢于与邪恶斗争的凛然气概，如雷鸣电闪，足以振聋发聩。他所大力提倡的名节，是对五代以来士大夫道德腐败、人格堕落的声讨，是对宋初以来因循保守政风的冲击，同时也表达了他要以实际行动弘扬儒家人格精神，振奋士风的忠忱和决心。

三、忧患意识

言传身教，身体力行

范仲淹一生言行如一，以自身的高洁行为给其"忧乐观"作了最好的注脚。他少年时苦读向上，入仕以后迎亲侍养，非常孝顺母亲，富贵后不遗余力地回报继父养育之恩。庆历五年（1045），仲淹知邠州时曾以所授功臣阶勋恩命回赠继父一官。平素对朱氏子侄也多加关照，严格要求，恩荫入仕，与家人一视同仁。仲淹对于识拔、帮助过自己的人，如晏殊、张纶、胡令仪、王曾等也心存感激，敬若恩师，生前不时拜访，死后撰写墓志、祭文。

宋代高级官员因待遇优厚，坐享太平，及时行乐，奢靡之风盛行，像名臣寇准、晏殊、韩琦、文彦博等都不能免俗，常常纵情歌舞，欢饮达旦。而仲淹却能异于流俗，严于律己，宽以待人，在生活上以俭素为宝，若无宾客造访，每日不过粗茶淡饭，妻儿衣食也以够用为限度，从不奢侈浪费。他对有困难的人，却乐于救助。庆历三年，友人吴遵路病死，室无长物，范仲淹分俸赠其家。即便是不相识的人，经济上有了困难，他也能加以资助。范仲淹在邠州为官时，暇日率僚属登楼置酒，在举杯畅饮之际，见路旁有人营理葬具，因穷困无依而殡殓棺椁未具。他慨然撤宴，厚赠给之，使其完葬。他每日就寝前必三省其身，反思今天的饮食等费用和所做之事，是否和自己的俸禄与职责相称，如果相称，就安然就寝。否则，就辗转反侧，无法入睡。第二天定要想方设法加以补救，以求心安。

范仲淹外和内刚，不畏权贵，在任开封府尹期间，曾对治下那些作奸犯科的皇亲国戚、达官贵人严惩不贷。宰相吕夷简选拔官吏任人唯亲，他就上百官图进行规谏，并在朝堂上与其当面折辩，即使为此遭到贬谪也在所不惜。直到晚年，他仍保持了清廉本色，有人要替他在洛阳买一座别墅养老，他当即谢绝，并说："一旦取其物而有之，如何得安!"范仲淹终生以无私廉正表率天下，在家中言传身教，在书信中谆谆告诫，指导子弟立身做官：凡见利处，便须思念，忍穷则不营私，无私则刚正，刚则无畏，正则能廉，无畏则敢斗邪。他将清廉作风留给后人，为我们留下了一笔巨大的精神财富。

从范仲淹一生的政治实践可以看出，他自幼"慨然有志于天下"，敢当大任，每遇国家危难之际，总能挺身而出，站在斗争最前列，终于"忠义满朝廷，事业满边陲，功名满天下"，成为"天地间第一等人""有宋第一流人物"。他生前故后享有重名，是被公认为开一代士风的领袖人物，其伟大的人格魅力，将伴随着其德行、行政、言语、文学继续影响着我们。

忧国忧民，率先垂范

范仲淹说的上忧其君，下忧其民，正是封建时代士大夫阶层最典型的爱国主义精神的具体表现。正因为这样，他才能形成为政清廉，勤政爱民的风格。他的廉政、勤政之风，不仅表现于不贪赃枉法，不追求享受的洁身自好方面，而且更突出地表现在敢于向一切不良现象作斗争上，甚至连皇帝和皇太后的不当措置和错误决策在内，他都能置个人利害于不顾，据理力谏。他一生三谏三贬，受到不公正待遇，可始终以国家大事为重，直言国事，不顾身家，表现出大义凛然、不畏权势的耿直性格，亦体现了他"位卑未敢忘忧国"的报国之心。他在州县为官时，体察民情，顺应民意，上为朝廷分忧，下为百姓谋利。他在泰州修筑堤坝，在睦州兴学，在苏州治水，在饶州除弊，杭州救荒，青州赈灾，都反映了时刻忧民、爱民的民本思想。在边关，他以文职任边帅，强兵固防，屯田联羌，体现了为国家社稷置生死于不顾的高尚境界。他为官近四十年，忧国忧民，清正廉洁，刚正不阿，始终如一。他的一生，是因忧国忧民而直言诤谏的一生，是因直言诤谏而不断遭贬的一生，是不断遭贬而愈挫愈坚的一生。

范仲淹一生以天下为己任，忧国忧民，为巩固王朝统治，解民于倒悬，鞠躬尽瘁死而后已。其思想本原是儒家"忠君爱民"和"博施于民而能济众""修己以安百姓"的圣人理想。他是封建时代正直士大夫的楷模。我们从宋仁宗赏识范仲淹可以悟到这点。仁宗执政不久就颇赏识他的直言切谏，"以为忠"。从此一再重用提拔，直至"参知政事"。这些恩遇更激发了他一生效忠宋朝的责任感，造就了他深谋远虑、忧国忧民的思想行为。他的一生体现出一种高度的社会责任感和自觉的担当精神，国家之忧，百姓之忧，社稷之忧始终牵着他的心。在改革失败后，他身处逆境，毫不气馁，总结一生，留下了"先天下之忧而忧，后天下之乐而乐"的千古名言，成为历代志士仁人交口称赞的楷模。他忧虑的不是一己私利，而是国家兴亡，百姓安危，做到了"居庙堂之高，则忧其民，处江湖之远，则忧其君"。从这个角度讲，范仲淹的忧患意识具有历史进步性和继承性，"先天下之忧而忧"的思想，是他一生的追求和后人敬仰的境界。

"先天下之忧而忧，后天下之乐而乐"的忧乐思想体现了崇高的道德境界和高尚的情操。"忧"与"乐"，"先"与"后"是辩证统一的。"忧"即忧虑、忧患，"乐"即个人的欢乐、愉悦，"先天下之忧"即先"忧天下""忧国家""忧百姓"，始终把国家兴亡、百姓疾苦放在第一位来考虑，体现了忧国爱民的意识，是以对国家和百姓的高度责任感为前提的。"后"是相对应"先"来说的，即先有国家的兴旺发达、百姓的安居乐业，才有自己的"乐"可言。这一"忧乐""先后"的关系位置，体现了他爱国爱民的思想感情。

千年以来，范仲淹以毕生心血凝结而成的"忧乐观"，闪耀着夺目的光辉，蕴含着博大精深的思想内容，成为华夏民族精神的核心组成部分，备受中华儿女的推崇。

第5章

思想述评

　　范仲淹不论是在政治、思想方面，还是经济、文化、教育诸方面都作出了很大贡献，为我们留下了宝贵的精神财富。作为政治家，他志存高远，光明磊落，从政认真，忠君爱民，革故鼎新，刚直不阿，一身正气，深受百姓的信赖和拥戴；他不计个人得失，积极荐引人才，不论在朝廷或地方为官，都不畏艰难，忠于职守，把国家的利益放在第一位，做到了"居庙堂之高则忧其民，处江湖之远则忧其君"。作为文学家，他穷通六经，胸贮珠玑，立马千言，诗词歌赋，鸿文说论，留下了许多脍炙人口的名篇佳作；作为教育家，他一生热心教育，提倡郡县办学，扶植英才，奖掖后进，为朝廷造就了大批优秀的治国能臣。

一、经济思想及措施

　　范仲淹的经济思想散见于他的奏议、书信、诗文中，都不够完整。但是，这也正说明，他关于经济问题的言论，都是具有极大的针对性和现实意义的。宋仁宗统治时期，积贫积弱的形势已形成。他针对社会存在的各种经济问题，提出的重视农业，发展生产，抑制奇货，利用工商，厉行节约，量入以出等主张，都是适时的，正确的。这些经济思想和实践，在他历任地方时和主持的"庆历新政"中，也都有所反映，有些还得到实施，并取得了很好的效果。这些都是值得肯定的地方。

重农兴商与开源节流

（1）重农

范仲淹在为官期间，不仅注意革新政治、加强边防，对国民经济也十分重视，曾为改善北宋经济状况，提出了许多好的建议，也在其管辖范围内，进行过一些经济实践活动，并取得了一定的效果。我国古代有作为的政治家，都是把农业作为立国之本的。范仲淹继承了这个传统。从他的诗文集中可以清楚地看到他对农业生产的重视。重农是贯穿于其经济思想的一条主线。范仲淹认为，一个国家、一位君主，其政治的好坏，首先取决于能否将农业生产搞好。他在《答手诏条陈十事》中引用"德惟善政，政在养民"之言，强调民生之重要。认为农业生产搞好了，百姓的基本生活有了保证，才不会起来造反，社会才能安定。因此，君主必须把搞好农业生产放在首位。

国家应当怎样重农呢？在这个问题上，范仲淹反对那种只把重农停留在表面上的做法。他认为，君主下几次"劝农"的诏书，或象征性地躬耕田亩，是没有任何意义的。重农，首先必须在改善农业生产条件方面，做一些实际的工作。为此，他提出，君主应在每年的秋天，降诏天下各路转运司，命令辖下州军吏民，先对本地的农桑利害，畅所欲言，然后在广泛征求意见的基础上，定夺可兴之利，可除之弊。或合开河渠，或共筑堤堰，并委本州军选官计定工料，在每年二月间利用冬闲时间开工督建，半月而罢，并上报兴修水利的业绩。只有生产条件改善了，农业才能不断发展。在改善生产条件方面，范仲淹也亲自进行过实践。天圣五年（1026），他在监泰州西溪盐仓时，曾提议修复唐代的捍海堰，使沿海地区免于水患。景祐元年（1034），他在苏州知州任上，也曾力排反对疏浚五河入海的言论，利用冬闲时间，采取以工代赈的办法兴修水利。

范仲淹认为，地方官员为政的好坏，对农业有直接的影响，因此，国家应当注意选拔地方官吏。国家劝农的公文虽级级向下传递，但因地方官员苟且因循，上下欺蒙，不关心生产，不兴利除弊，怎能搞好农业？因此，必须选择长于劝课农桑的人担任地方官员。还必须减轻农民的赋役。范仲淹认为，繁重的赋役，会使农民失去土地而破产流亡；流民聚集在一起，就容易走上暴力反抗的道路，那是十分危险的。所以，国家应当"宽赋敛、减徭役、存恤孤贫"，遇到自然灾害时，还应及时进行赈济，百姓才能安定。为了发展生产和安定社会，范仲淹还很注意招抚流民，引导闲散劳动力回到农业生产中去。如河东、陕西两地，由于赋役负担很重，不少农民抛弃产业，在外流亡。范仲淹出任宣抚使后，即颁布新规定，保留那些逃税流亡民户的产业，不得充公，以前所逃之税一并赦免，安抚他们回归生产。不少河东流民重新返回了家园。对陕西的流民，他也很注意安抚，曾下令陕西州府县镇乡村，拘管逃逸人户屋业桑产，不得烧毁砍伐，其逃走人户，免去去年秋税。这些规定，对发展生产、安定局势，都起了积极作用。

（2）兴商

在农业发展的基础上，北宋的手工业和商业也有了很大发展，商品经济空前繁荣。工商业的发展，对范仲淹的经济思想，也有很大影响。在这方面，他已不再像早期的儒家那样一味地"抑末"，而是主张在确保农业生产发展的前提下，也允许工商业的发展，国家也可以利用工商业以增加收入；但对那些不利于国计民生的工商业活动，则应当加以限制和禁止。范仲淹对工商业也有一些较为开明的认识，在《四民诗》中写道："先王教百工，作为天下器。周公意不朽，刊之《考工记》。嗟嗟远圣人，制度日以纷。窈窕阿房宫，万态横青云。荧煌甲乙帐，一朝那肯焚？秦汉骄心起，陈隋益其侈，鼓舞天下风，滔滔弗能止。可甚佛老徒，不取慈俭书。竭我百家产，崇尔一室居。四海竞如此，金碧照万里。茅茨帝者荣，今为庶人耻。宜哉老成言，欲攫般输指。"从诗中可以看出，他认为手工业也是"先王"所教，是百姓生活所需，因而其存在是合理的；只是由于秦汉以后骄奢之风盛行，佛老之教的泛滥，手工业中才出现了不少为奢侈生活服务的产品。这是极为有害的，应当加以禁止。对于商业，他也持同样的态度，他写道："尝闻商者云，转货赖斯民。远近日中合，有无天下均。上以利吾国，下以藩吾身。周官有常籍，岂云逐末人！天意亦何事，狼虎生贪秦。经界变阡陌，吾商苦悲辛。四民无常籍，茫茫伪与真。游者窃吾利，堕者乱吾伦。淳源一以荡，颓波浩无津。可堪贵与富，侈态日日新。万里奉绮罗，九陌资埃尘。穷山无遗实，竭海无遗珍。鬼神为之劳，天地为之贫。此弊已千载，千载犹因循。桑柘不成林，荆棘有余春。吾商则何罪？君子耻为邻！上有尧舜主，下有周召臣。琴瑟愿更张，使我歌良辰。何日用此言，皇天岂不仁！"通过商人之口，肯定商人和商业活动对国家经济作出的巨大贡献，指出了商业存在的必要性："利吾国""藩吾身"，通天下之有无，国家和百姓都离不开它。秦汉以后，由于"游者""堕者"离开了土地，进入商人行列，从事奢侈品的贩卖，才使社会淳朴之风变坏，农业生产也受到损害，商业因而被当作"末业"，商人也被斥为"逐末"之人。这是不合理的。商人是无罪的，应当改变这一传统看法，纠正这种社会风气。可见，范仲淹反对的，只是那些有损社会风气的商业活动。针对朝廷以往对商业活动"轻变其法"导致"财用自困"的历史状况，他提出"大变商法，以行山海之货"对策，用法律保证商人进行商业活动的合法权益，使"商旅通行"全国各地，均衡天下有无，做到了"国用不乏"。他还主张朝廷顺应历史潮流的发展，由中小商人自由经营茶盐之利，然后再通过税收形式分利。

范仲淹对工商业虽然允许其存在和发展，但从重农的立场出发，对工商业者的利益，还是主张加以限制的。为了增加收入，范仲淹主张官府应适当经营工商业。庆历元年（1041），他任陕西经略安抚使兼知延州时，曾提议由国家拨米，于延州造酒，用于犒军，以节约国家开支。庆历三年五月，他任陕西沿边招讨使，又向朝廷建议将本路州军所管钱帛，许选差廉干使臣公人等贷用，任便回易，其收到利钱，补充本路的军费开支。这样不仅使边境的物资供应充足，活跃了市场，而且增加了收入，节省了民力。他在庆州时也曾试行过这种办法，以所得利息充随军公用，较为成功。他希望政府积极推行通商之法，发展商品贸易，以助军费和减轻农民负担。总的看来，他对工商是持积极肯定态度的。

（3）节流

在财政政策方面，其基本点也是从重农出发的。他主张，国家应厉行节约，缩小开支，减轻百姓负担。北宋王朝，由于战争连年，因而军队和军费年年增多。北宋的官僚机构十分庞大，官员人数年年膨胀，再加以统治者日益腐朽，因而政费也是一项巨大的支出。仁宗统治时期，庞大的军政费用，已成为国家的沉重负担，中央财政十分窘迫。应当怎样解决国家的财政困难呢？他指出："山海之货，本无穷竭，但国家轻变其法，深取于人，商贾不通，财用自困。今须朝廷集议，从长改革，使天下之财通济无滞。又减省冗兵，量入以出，则富强之期，庶有望矣。"在这个问题上，他反对横征暴敛，认为增加税收，只能使财政变得更坏。国家应当采取措施，把经济搞活，"使天下之财通济无滞"，不必增税，国家收入就会增加。

他认为，更重要的，还在于国家应把"量入以出"作为理财的总方针，减少开支，财政状况自然就会好转。"量入以出"，必须节约开支。范仲淹要求朝廷下令，在全国提倡节约，他认为只有君主带头厉行节约，才能在社会上形成节俭之风。为此，范仲淹曾向仁宗指出"昨睹銮驾顺动稍频，恐非深居九重，静镇万国之意。况进奏院报于天下，天下闻之，恐损威重"。实际是委婉劝说仁宗不要巡幸，免得兴师动众，铺张浪费。范仲淹还主张裁减宫人。他说："臣不知今来宫中人数几多，或供使有余，宜降诏旨，特令减放，以遂物性，又省冗费，亦人君圣德之事，可以感动天意。"裁减宫人，既合人情，又省冗费，两全齐美，十分必要。庆历四年正月，仁宗叔父荆王死去，下诏准备大办丧事。范仲淹立即上疏，要求从简。仁宗采纳了他的建议。在这方面，范仲淹也是以身作则的。他为官后，生活一直比较俭朴，并且常以节俭约束家人，对子女要求比较严格。

冗官、冗兵是耗费国家财富的两大蠹虫。对于冗官，范仲淹主张派按察使到各路进行考察，裁掉那些年老体衰、贪婪浑浊、昏庸无能的冗官，才能纠理政务，提高行政效率，减少财政开支。冗兵，不仅耗费财力，同时也削弱了军队的战斗力。范仲淹建议裁汰老弱体衰之兵，才能减少军费。佛教、道教在宋代都很流行，佛寺道观广为兴建，大量男女进入寺观，脱离了生产，不负担赋役，成为社会寄生阶层。这对国家的经济，也是十分不利的。范仲淹认为，对僧尼道士，应严加控制。寺观的兴建，更是一项巨大的浪费，也应禁止。他说："其天下寺观，每建殿塔，蠹民之费，动逾数万。止可完旧，勿许创新，斯亦与民阜财之端也。"可见，他主张限制佛老，是为了节省费用，也是从经济方面考虑的。

范仲淹与义庄

皇祐元年（1049）八月，范仲淹前往杭州赴任途中经过苏州，与仲兄范仲温商议，决定拿出多年的薪俸积蓄，购置良田十顷，在姑苏老家创设义庄，以赈济宗族。十月，义庄建成。此举以爱护族人、济贫扶困为目的，与他一贯爱民的言行、轻财好施的个性以及泽惠百姓的社会责任感是完全一致的。

范仲淹为了保证义庄的正常管理和良性运营，在元祐二年（1087）十月着手订立《义庄规矩》，对义庄收入的分配方案及管理办法作了具体安排。义庄所得租米，分与全体宗族成员，供给平素衣食及婚嫁丧葬之用。具体方案如下：一，宗族内部逐房计算人口供米，男女五岁以上者每人每日白米一升；二，每人每年冬衣布一匹，五岁以上十岁以下减半；三，嫁女者给钱三十贯，再嫁二十贯；娶妇给钱二十贯，再娶不支；四，丧葬之事，尊长先后给钱二十五贯，次长十五贯，十九岁以下至七岁以上者分为三档，分别给钱七贯、三贯、二贯；五，子弟中有为官者，若在待选、丁忧或任川、广、闽官而留家乡者，照样赡给米、钱；六，乡里、外姻、亲戚中有贫困、急难不能度日者，诸房商议核实，酌量济助；七，年成丰收，必当预留三年以上粮储，以备灾荒。

118

从范仲淹所订《义庄规矩》可见，第一，范氏义庄的"赡族"措施并不限于贫困族人，而是惠及宗族所有成员，奉行普遍福利的原则；第二，每人每日给米一升，大约相当于每人一天的粮食消耗量。而范氏宗族成员并非仅依赖宗族的救助，大多有其他生活来源，因此仅从给米的数量而言，也难以济贫视之；第三，婚娶丧葬之事，有钱则繁，无钱则简，虽关涉伦常礼教，却与保证人们的基本生活没有必然关联。实际上，范氏义庄的"赡族"行为已大大超出社会救济的概念范围，具有社会福利的性质。正因为如此，范氏宗族成员的生活不只能基本维持，而是得到较大改善，普通族人自不待言，即使经济贫困的族人，也不复有饥寒之忧。

　　范氏义庄在范仲淹去世后，又得到进一步发展。其次子范纯仁由布衣做到宰相，家风不坠，廉俭如一，所得奉赐，都拿来增广义庄。《义庄规矩》也在实践中得到不断完善，日趋严密。范氏义庄的政治地位和社会声望也在不断提高。义庄的创置，为范氏家族提供了一个基本的经济保障，对家族地位的保持起着潜在的和持久的作用。范仲淹家族以科举而兴起，又靠荫补、联姻等手段使家族获得了进一步的发展。创置和经营义庄使这一家族在两宋时期没有彻底衰败，维持了较为长久的世家大族地位，成为宋代世家大族学习的楷模。

　　综上所述，范氏义庄是一项前无古人的新举措，开后世义庄制度的先河，其敬宗赡族、维护子孙生存、延续祖宗血脉的功能得到当时及后世士大夫的广泛认同。这也说明范氏义庄的设立，对社会经济产生了积极的影响。据南宋刘宰《希墟张氏义庄记》所言，自范仲淹创立义庄后，吴中士大夫多效仿而为之。自此以后，族田义庄几乎推及全国，数量大为增加。义庄的设立，在家族发展史上意义重大，影响深远，它在客观上发挥极大稳定社会和经济的作用，反映以范仲淹为首的士大夫对传统宗族组织的重视与族产制度的维护，与他们乐善泛爱的伟大胸襟、博施济众的深厚德泽也是分不开的。

以工代赈，解决荒政

(1) 以工代赈，募民兴利

景祐元年秋天，范仲淹移知苏州，正赶上一场严重的洪涝灾害。当地久雨霖潦，江河湖泊泛滥成灾，受灾民众逾十万。如不加以治理，水患蔓延，必然会造成农田歉收，百姓饥饿，危害更大。为了救民于水深火热之中，他先制订疏浚五河，注入大海的治理方案，又仔细分析了兴修水利所需力役费用与苏州的经济负荷，决定在荒歉之岁，以工代赈，日以粮五升之酬，招募灾民来兴修水利，疏导河道，将救饥赈灾与农田水利建设相结合，这样既解决了灾民的生活困难问题，同时还解决了兴修水利的劳动力问题，为灾后重建打下了基础。范仲淹提出的以工代赈的方法为我国古代荒政提供了全新的思维，而之后在杭州救灾中的实践更是我国古代荒政史上的里程牌。

(2) 发有余之财，以惠贫者

皇祐二年，范仲淹知杭州，正赶上江浙一带发生饥荒，灾民成群，到处逃亡，不少人都饿死在路上。面对这次前所未有的大饥荒，范仲淹认识到如果仅仅按照传统救荒方式开仓赈济、安抚流民是无法平安度过的。他根据在苏州治水时以工代赈的经验，采取多管齐下的救灾方式来应对。一是采用开仓赈济，招募灾民为兵士等传统方法。他下令打开官仓，向灾民发放救济粮；动员富裕人家卖余粮，捐善款；在灾民中招募身强体壮的男丁入伍，依赖国家军饷以维持温饱，度过饥荒。

二是利用江浙人喜好赛船，积极组织各种形式的划船比赛，每天亲率众人乘船游于江河之间，观看赛事，人为制造民间的节庆活动，聚拢人气，刺激消费，借以扩大内需，使灾民能有做各种小生意的机会不至于丧失生活来源。在他的大力提倡、鼓动和组织下，赛事搞得热火朝天。从春到夏，比赛不断，大大刺激了民间的经济活力，增加百姓出行的规模和频率，从而带动交通、饮食、旅游及工商业的持续复苏，为百姓提供更多就业机会，让多数穷苦百姓在饥荒之年也能挣得辛苦钱来养家糊口，从而改变因为普遍贫困而造成的消费低迷的情况。

三是倡导公私营造，激活经济，创造就业机会。范仲淹先召集各部属开会，吩咐他们如今荒年，物价便宜，你们那些官厩仓舍和公共设施，可以由政府出资盖一盖、修一修了。官员随即响应，各地大兴土木，数以万计的各类工匠、仆夫每日劳作在工地上。同时他还召集当地各大寺庙的主持开会，告诉他们目前处于灾荒时期，物价、工价都很低，正是募工修缮庙宇的大好时机，希望大家不要错过。在范仲淹的倡导之下，寺庙纷纷出资进行重修、改建工程，再加上政府投资建设的一些公共设施项目，一时间，整个浙西一带俨然成了一个热火朝天的大工地。范仲淹所采取的以刺激消费和扩大投资为主的经济政策，起到了很好的效果。一方面向社会提供了越来越多的就业机会，让大量闲散的劳动力赚取到了消费所必需的银子，并使得这种效应很快传到了消费领域，刺激了内需的大幅度增长。另一方面，人为搭建和延长的龙舟比赛与佛事活动也为富人提供了许多消费平台和消费渠道。在这次饥荒中，杭州的粮价一度上涨到每斗一百二十钱，对此，范仲淹没有用政令强制粮商压低粮价，而是反其道而行之，以政府名义张贴告示，以每斗一百八十钱的价格收购。各地粮商见有丰厚利润可图，想方设法将大批粮食运往杭州，于是，杭州的粮价逐渐回落。

灾荒之年，范仲淹大兴土木，大搞赛事，使一些人很不理解，朝廷中负责监察的官员更是震惊愤怒。在他们看来，作为知州在饥荒之年应该厉行节约，收缩政府的开支和投资项目，爱惜民力才是上策，而范仲淹不体恤民情，不尽职守，竟然在嬉戏娱乐上劳民伤财，影响救灾，于是交相奏章弹劾。面对各种指责，范仲淹只好亲自上奏，陈述组织赛船和大兴土木的目的与效果，他说："我这样做，正是要使百姓顺利度过灾年呀。赛船也罢，修庙也罢，建官舍也罢，都只不过是调动官私余钱救济百姓，让有手艺和劳力的人解决生活困难。"皇帝细想，也有道理，正是采用了这些办法，广开了财源，增加了就业的门路，使饥民谋生有了着落。这样既减轻了当地政府的负担，又使得灾民有饭吃，有事做。事实胜于雄辩。饥荒肆虐的江浙一带，只有范仲淹治下的杭州一带的经济维持了景气局面，百姓安居，百业兴旺，社会秩序井然有序。

这次救灾是范仲淹荒政中的得意之笔，在我国古代荒政史上也是一个里程碑。他不仅积极应对灾荒，采取修水利、减民负、重仓储等方法防灾、备荒、救济，更开展生产自救，创造了以工代赈的新方法，为我国古代救荒带来了新思维、新方法。这种救灾措施，值得政府官员在处理荒政时效仿学习，于是被定为法令。

(3) 巧用轻重之术

皇祐三年，范仲淹奉命知青州，当地正处于饥荒中，因朝廷仍沿用前代"支移"苛法，令青州的田赋运到博州（今山东聊城）缴纳，千里迢迢，人畜粮食均需要自备，百姓年年都为长途运输而愁苦不堪。范仲淹探明博州的粮价并不高，便决定让群众在本地卖掉田赋之粮，把粮款交给政府，再由官府派官吏在博州购粮交赋,以免除百姓长途运粮之苦。他这次又成功地运用了管子的"轻重之术",在博州用提高粮价吸引粮商的做法,很快就以较为优惠的价格筹集到了所需赋粮,并把余下的钱又如数按等差全部退还给了百姓。范仲淹在青州对税制的改革,收到了一举三得的成效,既平抑了粮价,又免去了"支移"之苦,还帮助州民度过了青黄不接的艰难时节。这充分体现了他的过人胆识和行政智慧,也反映了他时时处处考虑的是为黎庶谋福祉的伟大人格和可贵精神。

二、法律思想及实践

范仲淹是我国历史上著名的政治家,主要活动于北宋王朝由盛转衰时期。为了扭转日趋衰微的国势,使"法制有立,纲纪再振",他曾提出许多较为合理的封建法制主张,散见于诗文、奏议中。范仲淹初仕即为广德军司理参军,掌管讼狱、审理案件;明道二年(1033),还曾受命与台谏一起会同审刑院、大理寺详定天下配隶罪犯刑名。景祐三年(1036)正月,又上宋太宗治理京师时所判的案牍,仁宗诏令词臣分类编排,辑成多达七百多卷的狱事汇编。他的法律思想也在实践中逐渐形成,这无疑是他整个思想体系中的重要组成部分。他在尖锐批评用法枉滥之弊的基础上,提出了一系列合情理、审刑名、慎重天下之法的司法思想。在立法思想上强调朝廷要本着修德省刑、以德化民、精审号令、切实可行的理念慎重立法,然后自上而下加以贯彻执行。在司法思想上强调要明慎刑赏、"赏罚惟一",在执法思想上强调澄清吏治、良吏抚驭,并对执法官吏的选拔、培养、使用和考察等方面提出了比较合理的意见。

厚德省刑

范仲淹是一位宗经师儒的政治家，许多社会政治思想都源于儒家经典。他在新的历史条件下，进一步丰富了儒家的政治伦理思想。范仲淹强调以德治国，希望统治者每日推崇圣德，以道德教化征服天下百姓之心，巩固封建统治。"盛德善政"的德治思想就成为其法律思想的出发点，是否实行德治关系着一个国家的存亡。

范仲淹认为，第一，君主在治理国家时要做到"德"字为先，以"德"服人，天下百姓才会欣然爱戴；若仅依靠强大武力屈人，只会使天下百姓失望抱怨。所以，君主欲使国家长治久安，就要修德省刑，就必须敦厚好生之德，推及不忍之心，"惟德是依"，薄于刑典，厚于恻隐，废除苛严之刑。他指出秦朝灭亡的根本原因是秦始皇不实行德治，以严刑酷法钳制百姓。他常以秦亡的经验教训警醒统治者，要学会以史为鉴。他也常从盛德可依，而武力不可恃的观点出发，要求统治者以德治国，谨省刑法，就是在生命垂危之际所上的《遗表》中，念念不忘的仍是希望仁宗"明慎刑赏，而使之必当"。

第二，君主在施政时要做到顺从民意民情，所谓"敷惠则顺乎天，应乎人"。作为一个政治家，范仲淹敏锐地感觉到，国家要实行合理有效的统治，单凭严厉的刑典是远远不够的。君主制定刑典必须"上克承于天道，下不违于民欲"。如果违背了众望所归的顺民原则，就会出现"虽令不从"的局面。所以说，要使政令得到有效的贯彻，必须做到发号施令，都符合顺从于广大百姓的愿望利益。使用刑罚的目的是为了不使用刑罚。只有多数百姓都不愿意去违反的刑罚举措，才是合情合理，切实有效的。立法司法当循民欲是范仲淹法治思想的内核，一直到他临终都没有丝毫改变。他在《遗表》中，也一如既往地强调仁宗在立法时要"上承天心，下循人欲"，与他在《政在顺民心赋》中提出的"上克承于天道，下不违于民欲"的思想是一致的。"令顺民心"是范仲淹信守如一的立法思想。

第三，范仲淹继承《尚书》善政思想，认为德政才是最好的政治，好的政治在于使百姓生活得好。要实行以德治国，还必须善于"养民"。他在《君以民为体赋》中强调指出"爱民则因其根本，为体则厚其养育"，君主爱护百姓应像爱护自己的身体一样，要使他们丰衣足食，然后再辅之以刑政而提防他们过于懒惰散漫。要使百姓生活好就要均其徭役，宽其赋税，遵循生产规律，保证百姓的生产时间。百姓的衣食丰足，生活幸福了就爱惜身体，爱惜身体就会畏惧刑罚，畏惧刑罚则盗寇平息，祸乱消失。如果做到了这些，就可以从根源上解决"犯罪"问题。

第四，推行教化。范仲淹特别强调"以德化民"的教化作用。他对五代时期，武将凶残暴虐，视百姓如草芥，随意戕害的行为，表示强烈的反感；同时对北宋统治者重视刑政而忽视道德教化也表示担忧和异议。他反复强调道德教化在国家统治政策中的重要作用，呼吁朝廷重视道德教化。朝廷想要最终不使用刑罚，就要善于用礼义教化百姓，百姓懂礼明义，形成一种社会风尚，然后天下人就会高高兴兴，和乐无穷。他还指出如果朝廷今天谨慎选举，敦行教化之道，就像对待刑政一样用心，那德化就能到达四方。基于上述的立法思想，范仲淹极力主张对于有利国计民生的法令要尽快颁行。比如，他认为"养民之政，本尚务农"，那么，朝廷应该委派辅臣等速定劝农赏罚条约，颁行天下。而对那些不利国计民生，有碍泽民、养民、恤民原则的苛刻之法和烦而无信的法令，则坚决主张加以变革和废除。如陕西、河东两路曾因边计不足，自铸铁钱，以助军费。民间多有盗铸，"日犯极典"。范仲淹认为"为法之弊，久将不堪"，就主张实行变通的办法。

第五，法令要示信于民，国家令出必行。所以范仲淹还特别强调精审号令，认为制定法令必须审慎划一，也就是所谓"慎乃出令，令出惟行"。在《答手诏条陈十事疏》中，就有"重命令"一项。他对当时法令的繁冗和不稳定提出了尖锐的批评，认为朝廷如此立法，不仅使"下受其弊"，还致使"上失其威"，而法令的严肃性也荡然无存。对此，范仲淹提出如下改革建议：其一，今后百官起请的条贯，应由中书省、枢密院官员"看详会议，必可经久，方得施行"，以确保法令制定的严肃性和实施的相对稳定性。其二，如果百官所起请的条贯关涉刑名，则"更于审刑、大理寺勾明，会法律官员参详起请之词，删去繁冗，裁为制敕，然后颁行天下"。其三，为了保证法令的统一性，范仲淹进一步提出，"其冲改条贯，并令缴纳，免致错乱，误有施行"。这样，朝廷的各种法令便不至于经常变更了。"重命令"关系到庆历新政的改革措施能否真正得以贯彻落实，故而范仲淹在庆历四年（1044）又将《答手诏条陈十事疏》里"重命令"一项内容，单独写成《奏乞令两府详议百官起请条贯如可经久即令施行等事》的札子进呈。在《遗表》中又再次表达了"精审号令，而期于必行"这一立法思想。

明慎刑赏

范仲淹在大中祥符八年（1015）任广德军司理参军，主要负责当地讼狱刑法。他"日抱具狱，与太守争是非，守数以盛怒临之，公不为屈"。仕宦地方和任职朝廷的丰富阅历和经验，使他深切地见证到刑罚不中，日有枉滥的社会弊端。他指出当时法外制裁的情况司空见惯，认为如此贪赃枉法是引起天下百姓怒叛之根源。为了兴利除弊，他建议朝廷首先要选一名辅佐大臣兼领审刑、大理寺，以慎重天下之法；然后主持审查以往的断案及旧例，删其谬误，将可留存者，著为例册；接着，诏告天下按察官，专门查访州县长吏及刑狱法官，有用法枉曲，侵害良善者，具事状奏闻。最后，由国家统一组织州郡法司对县一级的基层刑狱法官进行业务培训，等到他们学成，经检验合格后，就放归本县任法司。

范仲淹特别强调在司法实际中不能"情理不圆，刑名未审"就作裁决。庆历三年，滕宗谅、张亢等人以枉费公使钱被弹劾。公使钱是宋代的一种特有官给，主要用于修建寨堡、接待和犒赏等，在沿边州郡也允许用公使钱做买卖，获利以充军实。范仲淹上疏《奏雪滕宗谅张亢》，连续三次，逐条辩诬。值得注意的是，他在所上奏疏中，从司法角度强调指出了两点：第一，办案要有一定的司法程序，要重视"勘鞫"。范仲淹指出："虽国家威令不可不行，须候见得实情，方可默辱。"而现在还没有调查核实，辨明虚实，就议贬谪，并将众多被牵连的人关入牢狱，使之"久在禁系"，这样不合法理。况且，"塞下州郡，风沙甚恶，触目愁人"，边上臣僚非比"他处臣僚，优游安稳，坐享荣禄"。现在专用"深文"，"于支过公使钱内搜求罪决"，这实在是徒使狱吏为功，而劳臣抱怨，太不合情理。第二，范仲淹强调要严格按法令条文办案定罪，他在为张亢辩护的奏疏中说："臣伏睹编敕指挥，若将公使钱回易到别物公用，但不入己，更不至坐罪。"如"依编敕施行"，那么，所劾张亢的罪名就不成立，"不须却送入案"。若不依编敕指挥，"则臣与韩琦亦有上件与人钱物罪状，须至自劾"。他在为葛宗古辩护的奏疏中指出："今将私用公使钱入己，为监主自盗之法，只是法寺近例"，与侵用公使钱的"正条"有悖。若以此"近例"办案定罪，"切虑今后有公使钱处，官员因循之间，为人捃拾，多陷除名死罪之坐，诚为法之一弊"。为此，范仲淹为葛宗古奏乞"从正条定罪"，以使"免有枉滥"。

范仲淹在陕西曾办理过两个案件，也同样反映了其通情理、审刑名的司法思想。庆历二年，某地草场因雷电起火，转运司下令观察推官刘铣置院取勘，范仲淹认为"逐处异物蛰藏之处，多致雷火，合依边救指挥，只令陪纳入官"，不应"根勘官吏不切防慎罪状"。范仲淹在陕西还处理过一桩"诬告"案。有一个名叫颜和的上告，"有本指挥军人结集背叛"。经司理院调查，告称者"多欠人债，所告只闻人说，并无照据"，所以"欲令颜和赴营处斩"。范仲淹要求进一步"仔细勘鞫实情"，并认为，"如委实诬告，亦且决配"。范仲淹认为，举刑罚罪如不审慎，就会出现刑滥，而枉滥之法，则必将引起天下怨叛。同时，他强调议奖行赏也要审慎，否则就会出现"赏滥"，而赏滥则会使"妍丑从而乱焉"，也同样无以保太平之业。他要求"两府议论赏罚，不可轻易"。要按一定的标准，做到"赏罚惟一"。如果赏罚"衡鉴一私"，不仅会招致谤议，取笑四方，而且完全失去了"激劝"和"鉴戒"的作用。为此，范仲淹在对限制官员的荫补特权和严格官员的政绩考核等方面，都试图进一步用法律的形式加以确定，以进一步完善封建统治制度。

澄清吏治

范仲淹"庆历新政"的主旨是吏治问题，他的吏治思想既是其政治改革思想的核心，也是其法律思想的重要组成部分。

各级官吏，特别是地方官吏是法令的直接执行者，吏治的好坏，直接影响到法令的贯彻执行。范仲淹对北宋王朝吏治的败坏认识深刻，他指出，当时天下"能政者十无一二，谬政者十有七八"，而出现这种情况"非国家法令之殊，盖牧宰贤愚之异"。也就是说，在"国家诏令程式天下一体"的情况下，官吏能否奉公守法，坚决执法，就成为至关紧要的问题。如"良吏抚驭"，则"恩威得所"；如"使不才之吏临之"，则"赋役不均，刑罚不当"。因此，他一再请求朝廷，其一，澄清吏治，善择良吏。除了上述抑制滥赏、滥罚，提高官员素质的建议外，还要严格考试制度，坚持德才标准，进行全面考察。其二，明确各级官吏荐举贤能的职责，逐级推荐称职的地方官员。若举主所荐之人，将来有显著的善政，那么举主也当一起被奖赏；若贪污腐败，苛酷害民，那么举主要与之一起处罚。其三，加强对地方官吏的监察工作。转运使和提点刑狱职在访察，应察公尽职，对不称职者要毫不留情地罢黜之。朝廷还可以在两制以上，秘密选拔贤明之士，巡行诸道，以兴利除害，黜退昏愚的官员，晋升贤明的官员。其四，要保证外官的生活待遇。范仲淹指出圣人在养民之时，一定先要养贤才，要养贤才，就一定要使他们俸禄充裕优厚。否则地方官若"衣食不足"，则会"冒法受赃"，其本身不守法，那么在执法时当然就会出现枉法害民的现象。所以，他请求"外官职田，有不均者，均之，有未给者，给之，使其衣食得足"。只有这样，才能"责其廉节，督其善政，有不法者，可废可诛"。范仲淹澄清吏治的思想无疑和他的德治思想一脉相承。范仲淹对于官吏的培养、使用和考察等方面所提出的比较可行的意见，目的在于挽救吏治日趋败坏的时弊，造就一批能严格守法和公正司法的廉洁爱民的地方官吏，以巩固封建统治，使之长治久安。

三、教育思想及实践

范仲淹早年孤苦不幸的坎坷身世，使他养成了一种艰苦朴实，刚毅好学，力求进取的优良作风。他二十三岁去南京应天府书院读书，仍然清贫食粥，昼夜苦读，从不中辍。他刻苦攻读五年，不仅大通六经之旨，也奠定了他一生处世立身的思想准则。大中祥符八年（1015），他应试及第，从此开始了仕宦生涯。他从自身的经历中深刻体会到学校教育的重要性，认识到教育是安邦强国之策，可改变士人的人生观、价值观，故首倡培养经邦济世的人才教育，主张大力普及推广州县兴教办学。他在执教母校时更重视德育，培养实用人才；仕途通达时更是甘为伯乐，为国不断举贤荐才；主持庆历新政时，主张改革科举考试制度，最终成长为一个政治家式的教育家。

兴学实践

范仲淹一生视教育如万物之需要阳光雨露、人体之需要饮食衣物，须臾不能离也。他把兴教育人，当作责无旁贷的义务与职责，不遗余力地身体笃行。教育实践活动是他全部政治实践的一个重要组成部分，是他造福于民、改变社会风尚的目的与手段，是其改革弊政、挽救危局的重要武器。不论位居中央宰辅，还是身任知州县令，也不论是在日理万机、政务繁忙的年代，还是在身任边帅、戎马倥偬的岁月，或在通衢大都，或处穷乡僻壤，他都呕心沥血、鞠躬尽瘁，坚持兴教办学事业。这是他作为改革家的政治活动的一大特点。

首先是应天府掌学，躬亲执教。天圣五年（1027）他因母丧而居南京，应留守晏殊之邀，掌管应天府学，克尽职责，勤劳恭谨，既是学校的管理者，又是一位海人不倦的严师。他亲授《易经》，并著有《易义》，常住府学，严明制度，督训有方，凡学者之考题，必先身试之。又常深入学舍，了解学生作息情况。由于他辛勤耕耘，施教得方，深受四方学子敬仰，慕名求学者源源不断。因此，为国家培养了大批人才。景祐二年（1035）八月，范仲淹被召还朝廷，判国子监，总管宋廷的最高学府。

其次是在各地建学。范仲淹一生宦海浮沉，多次贬黜，足迹遍历大江南北、塞外边疆十多个州县，所到之处，无不竭尽心力，兴教育才。大中祥符八年（1015），初入仕途的范仲淹担任广德军司理参军，掌管讼狱，兴学并非他的本职工作。可他到任不久，即谋划筹建校舍，聘请三位鸿儒名士为师，从此郡内文教大兴，士人进士第者，不绝于时。天圣三年（1025），范仲淹任兴化县令（今属江苏），一方面领导通、泰、楚、海四州百姓修筑捍海堰堤，日夜与海潮作斗争，一方面又在南津里沧浪亭旁修建学宫，延师授教。从此兴化"学重于天下，而士得师矣"。

景祐元年（1034）春，范仲淹因奏谏废除郭后之事，被贬知睦州（今浙江建德），在任期间，修葺了州学，又修建了严子陵祠堂，准备设立书院，旋被调任苏州。他知苏州时疏导太湖五河积水入海，坚持兴教办学。他曾购得苏州南园之地，欲卜筑居宅，有阴阳家说居此当踵生公卿。他说："吾家有其贵，孰若天下之士，咸教育于此，贵将无已焉。"然后，便捐地建学，又聘名儒胡瑗来此讲贯经籍，教育人才，由此苏学名冠东南。后人评论："天下郡县学莫盛于宋，然其始亦由于吴中。盖范文正公以宅建学，延胡安定为师，文教自此兴焉。"景祐三年，范仲淹贬知饶州（今江西鄱阳），到任即筹建郡学，亲自选择校址于城东南湖光山色宜人之处，旁有佛寺浮屠屹立千尺，命名为"文笔峰"，又命名其湖为"砚池"，惜其学未成而人又去矣。后州人建郡学于此，生徒渐盛。治平二年（1065），州人彭汝砺中进士第一。为纪念范公兴教发轫之功，三处修祠祭祀。后范仲淹迁知润州（今江苏镇江），州学原为柳开所建，规模狭小，时兴时废。他到任之后立即扩建整顿，加强师资，搜罗人才，学者大增，润学也大为改观。

康定元年（1040），陕西边防军情十分危急，延州孤城，朝不保夕。范仲淹奉命于败军之际，受任于危难之秋，以陕西经略安抚副使，同管勾都部署司事。到任后又慨然自请兼知延州，日夜忙于军务，训练士卒，部署战略，招抚属羌，在此戎马倥偬之际，仍然未能忘怀于兴教育才，在延州城东南兴建了嘉岭书院，为延州地区的文化教育事业奠定了基础。他又在军中培养了像狄青、种世衡这样智勇双全的将领，训练了一大批勇敢善战的士兵，保卫了延州，扭转了宋军被动挨打的局面。庆历五年（1045）新政失败后，他出知邠州（今陕西彬县），到任三天即视察学校，见孔庙狭窄，选城东南高明之处建学，以节度推官杨承用掌其役，太常博士王很朝夕视之。学未建成他又移知邓州。翌年夏，学校建成，他在邓州写了著名的教育论文《邠州建学记》。他在邓州的百花洲建立了花洲书院，并亲自讲学于春风堂，授六经之义，阐先王之道，明治乱之理。庆历六年九月十五应知岳州滕宗谅的邀请，在此写了名垂千秋的《岳阳楼记》。皇祐元年（1049），范仲淹又徙杭州，虽年逾花甲，忧劳国事，疾病缠身，但仍念念不忘教育事业，上奏朝廷，扩建州学。他一生足迹所历，兴教育人，德化百姓，为各地文化教育事业的普及与发展，作出了不可磨灭的贡献。

最后，庆历兴学是范仲淹教育事业发展的高峰，也是他实施新政的重要内容之一。庆历三年（1043），范仲淹任参知政事，主持新政，提出"复古兴学校，取士本行实"的主张，得到同僚宋祁、欧阳修、王洙、张方平等人一致赞同，大家联名上奏，建议诏令天下，规定士人须先在学校受相当时期教育，才能参加考试，应试者先策、次论、次诗赋。士通经术愿对大义者，试十道。还对州县学校的管理、校舍、名额、教授及入学资格等作详尽规定。各州县纷纷奉诏建学，地方学校如雨后春笋般蓬勃发展，出现了北宋历史上第一个建学高潮。如江西州县有学八十一所，其中庆历新建五十六所，约占百分之七十。一代文豪欧阳修对此事大加赞扬，他说："宋兴盖八十有四年，而天下之学始克大立，岂非盛美之事！"朝廷又对中央国子监扩大了招生规模，并延聘名儒孙复、胡瑗、石介任教，尤其是引进胡瑗的分斋教学法，学校分经义斋，讲授六经大义，是公共必修课程。分斋讲授实际是专业课程，每人必治一事，又兼一字，这是选修课。治事如边防、水利之类。这样把经义理论研究与实际业务相结合，达到重实际、讲实用、务实效的目的。在范仲淹的大力倡导下，"安定学风"得以发扬光大于天下，使学者明白圣人体用以为政教之本的道理，培养了不少真材实用的人才。这在中国儒学发展史和教育史上，都是具有创新意义的重要一页。

范仲淹的教育思想及影响

范仲淹虽非教育家，但终其一生却非常重视教育，身体力行，大力推广。他不仅有着丰富的教育实践，而且形成了一套比较完整、自成一家的教育观，可以说是一种理论和实践的结合。这一点与我国古代一些著名的教育家十分相似。他的教育思想可以概括为以下几个方面。

(1) 人才兴国

范仲淹的兴学观源于他本人的办学实践。他认为"夫善国者，莫先育材，育材之方，莫先劝学"，把建校办学与人才的培养、国家的长治久安紧密地联系在一起，认为教育是培育英才、改变士风的根本，而学校则是培育人才的摇篮。他主张以六经之道来灌输教育莘莘学子，引导他们对六经进行深入研究，小则可以作为个人立身处世的准则，大则可以用来治国平天下。国家只有人才济济，天下才能得到大治，天下大治则国家繁荣昌盛。因此，他大力提倡兴学，屡次上书，建议在郡县开办学校。他认为应当由学校来承担教育、培养人才的任务，人才匮乏是一个国家的最大祸患。今天国家为什么会缺乏人才呢？是因为今天没有重视教育，没有重视兴办学校。肩负着这样一个以人才兴国的神圣使命，他每到一处任职，无论政务如何繁忙，都要抽出时间关心筹办建校兴学的大事，有时甚至亲执教席，为生员讲经授义。在庆历新政期间，又数言兴学，并得到宋仁宗的大力支持，下诏令州县皆立学。于是，地方学校便轰轰烈烈地兴办起来了。这是一场自上而下的兴学运动，也是范仲淹推行政治变革的一项重要内容。

(2) 乐育英才

孟子曰："得天下英材而教育之，一乐也。"范仲淹继承并发挥了这一思想，提出"教为一代美事"之说。而其之所以成为"美事"，是因为与教育目标——培养人才密切相连。这就是范仲淹的教育功能观。然而，范仲淹的思想并不滞留于此，他还进一步认为教育有教化之功，它与人素质的培养，与国家社会良好风气的形成也有直接的联系。范仲淹认为，正因为文教不振，师道久缺，为学者不根乎经籍，从政者罕议乎教化，才出现了"文章柔靡，风俗巧伪，选用之际，常患材难"的局面，这不正是忽视教育的恶果吗？可以说，文化教育的成败与国家、社会的盛衰休戚与共。不重视教育，是政府的最大失策。他大声疾呼尽快"劝天下之学，育天下之材"，方是"复小为大，抑薄归厚"之良策。范仲淹不仅如此说，亦如此做，身体力行，以"劝学"为职责，以"育材"为美事。天圣五年（1027），范仲淹应晏殊之邀，到应天府学任教。他"训督有法度，勤劳恭谨，以身先之"，既严格要求，又循循善诱，使应天府学声名大振。范仲淹慧眼识才，劝学有方，为国家培养输送了不少有用之才。

（3）任人唯贤

在中国漫长的封建社会，在用人的问题上，基本实行的是一条"任人唯亲"的路线。虽也有少数开明的君主比较注意选择使用人才，提出过"唯才是举""任人唯贤""礼贤下士""人尽其才"等用人原则，但他们并不能长久、全面地实行。范仲淹能够比较清楚地认识"任人唯亲"的危害，主张实行"任人唯贤"的原则，并把它作为理想来追求、实施。他在《选任贤能论》中指出帝王得贤才英杰而天下治，失之则天下乱，并列举秦、汉、隋、唐列朝由于失去或得到张良、陈平、房玄龄、魏征、褚遂良等杰出人物而导致灭亡与兴起的史事，最终得出结论：得士者昌盛，失士者灭亡。在《帝王好尚论》中，他又以敬重爱护人才而著称的唐尧、虞舜、夏禹、商汤、文王、周公、郑武公、燕昭王等圣帝明王为例，劝谕当朝皇帝重用贤能之才。他不仅多次借鉴历史事实阐述人才的得失与治乱兴衰的利害关系，并根据北宋王朝内忧外患日益加剧的社会现实提出"俊哲所聚，虽危必安""任人各以其才，而百职修"的主张，希望最高统治者，选贤授能来治国安邦。并且还针对北宋冗官滥吏的现状，提出了一系列选贤授能的具体措施。如

"重三馆之选，为国储才"，"谏官御史耳目之司"，不能让他们尸位素餐于朝；"固邦本"的关键在于"举县令，择郡守，以救民弊"。从朝臣到地方官吏他都提出了如何选用贤才的方案。

（4）德才兼备

范仲淹继承了我国古代衡量评价人才的"四科"标准，并加以改进。他认为"德行"不仅要求人才有良好的思想、动机、愿望，而且要有与之相一致的行动和效果。"政事"就是行政才能，是衡量官员称职与否的决定性标准。范仲淹从坚持官员的行政才能标准出发，一再呼吁给皇亲国戚授职一定要加以约束，任命官员务必量才录用。他认为严肃地对待用人问题不是吝惜恩惠，而是为了避免招致祸乱。如果让没有能力履行职责的人担任重大职务，这些人就会乱用权柄，破坏法度，使朝廷增加过错，而且还会使怀有非分之想的政客萌生野心。

范仲淹还以政治生涯中的切身体验，把"言语"列为选用人才的标准，实是真知灼见。金殿之上，皇帝御前，作为大臣要陈述主张；或与文武百官政见不同，则不免激烈争论；作为使者出使邻邦，沟通谈判，指陈利害；日常理政，断案折狱，辨明是非，都少不了好口才。"文学"本义是古代文献典章，作为选才标准，就是要求熟悉前代文献典章。范仲淹认为圣人法度之言存乎《书》，安危之机存乎《易》，得失之鉴存乎《诗》，是非之辩存乎《春秋》，天下之制存乎《礼》，万物之情存乎《乐》。故俊哲之人入乎六经，则能服法度之言，察安危之机，陈得失之鉴，析是非之辩，明天下之制，尽万物之情。只有选拔博学通识之人来辅佐君王或管理地方，才能推行王道。

综上所述，"政事""言语""文学"都可以归结为才能方面。德才兼备，以德为先，以才为重，就成了范仲淹选士的最终标准。他认为"士当先天下之忧而忧，后天下之乐而乐也"。针对朝廷上下在选人举士过程中普遍存在"不求履行，惟以词藻墨义取之"的弊端，则一针见血地指出，这是"舍大方而趋小道"，对国家无益。有鉴于此，他提出"精贡举"的改革主张，认为凡是"进士诸科"人等，均应先经过地方一级的严格考核和推荐，必须是"履行无恶，艺业及等"者，才能解荐。选才标准的确立，为教育事业明确了培养目标，也奠定了范仲淹选才举才思想。

（5）因材施教

范仲淹在教学过程中十分注意教学方法，这集中体现在因材施教的教育实践和因材施考的主张上。范仲淹当过老师，做过政府官员，名气很大，门徒甚众，求谒者络绎不绝。凡有求教，他都热情相待，或劝勉、或教授，因人而异，因材施教。康定元年（1040），范仲淹在延州守边时接待过一位"以盛气自负"的年轻人张载，此生纵横捭阖，慷慨论兵。仲淹觉得他其实更适宜从事儒学研究，便说："儒者自有名教可乐，何事于兵?"勉其专攻《中庸》。张载后来从《中庸》入手，学古力行，志道精思，博采众长，俯读仰思，奋笔著述，最终成为关中士人宗师，世称横渠先生。范仲淹的劝学造就之功不可磨灭。而对待同样年轻的求谒者富弼，范仲淹的劝学便有所不同。天圣元年（1023），范仲淹监西溪盐仓，年方弱冠、温文尔雅的富弼求见。范仲淹在交谈中识其远大，认为他日后必将成为王佐之才，便用重语激励他参加朝廷的制举考试。这对富弼日后走上仕途，成长为一名杰出的政治家，有一锤定音之功。富弼在悼念范仲淹的祭文中深情地写道："顾我誉我，谓必有成。我稔公德，知己服膺。"范仲淹通过观察交往者的言谈举止，发现挖掘他们的潜能，使其个性得到充分发展，实现人生价值，可谓伯乐。

范仲淹深知科举选拔制度对教育的影响，故在《答手诏陈十事疏》中提出改革设想，建议朝廷取消那些专于辞赋记诵，拘于声病音韵的僵化教条，代之以有所发挥创造，施展真才实学的考试内容。在考试方法上则大胆提出"许将三场文卷通考，互取其长"的改良措施，并采用"逐场去留"的方式，使死记硬背者落第，真才实学者拔尖，而"国家得人，百姓受赐"。他开创了教育理论与社会实践相结合的学风，并把这种重实际的学风应用在科举考试与学校教育中。

（6）苦读善学

范仲淹在治学方面强调刻苦的求学态度和科学的学习方法有机结合。他在《南京府学生朱从道名述》一文中把二者的辩证关系阐述得很形象透彻。他认为，对一个青年学生来说，"弗学而志穷，如玉之未攻，如泉之在蒙。昧焉而弗见其宝，汩焉而莫朝于宗"。不学习，人才就埋没了。因此，发愤苦学是成才的先决条件。但这仅仅是治学的第一步。攻玉开泉，尚处于自发状态，学习很难一定取得成功。而一旦得到良师指点，接受并掌握正确的学习方法，进入自觉境界，可以实现质的飞跃了。就像金玉经过铸炼雕琢而成为美器、废井经过挖掘陶治而成为甘泉、马驹经过摔打调教而成为骐骥一样，学生只有经过教育培养、苦学巧学才能成才。范仲淹不仅有鲜明的治学观点，而且有充分的治学实践。青少年时期，他曾先后在淄州白山和应天府书院连续攻学八年。先是每日"断齑食粥"，"如此者三年"，后又"苦学五年，未尝解衣就枕，夜或昏怠，辄以水沃面"，"求老师巨儒以成就事业"，终于"大通六籍，声名倾动当世"。他这种拼命苦读、虚心求学的劲头，一生与之相伴，至老不疲。

(7) 长养群才

范仲淹认识到师资的重要性，对政府则提出"长养群才"的谏议。教育肩负"长育人才"的职责，而国家、政府是通过老师的工作来实现这一教育目标的。因此，必须挑选德才兼备的明师来任教。学高为师，德高为范。他认为明师在教学中当"勤劳恭谨、以身先之"，"出题使诸生作赋，必先自为之，欲知其难易及所当用意，亦使学者准以为法"。他在州县办学时，也把有师德、有责任心、懂专业、会教学生作为择师的标准。他为苏州府学挑选师资，先请孙复，再聘胡瑗，二人均有德有识之士，人品学问，世所共知。可见范仲淹择师之明。后来，由于他的举荐，宋仁宗"又取胡安定学法为太学法"，师道既立，良好的教法亦得以推行。

"长养群才"是"长育人才"的必要条件，这是范仲淹师资论的另一方面。"长育人才"的使命是神圣的，担负这一使命的老师，理应受到较好的待遇。他建议朝廷应尊师重教，厚薪养师，特事特办，例如针对德才兼备的老师应不限资历任期，使他们不为柴米油盐之杂务烦扰，专心修行经纬之业，为国家培育人才，等。总之，命令老师培育人才，必须先以优厚的俸禄供养他们。他对宋仁宗说，大臣之至忠首先表现在能向朝廷举荐贤士，君主之盛德主要体现在能够搜罗任用贤能，所以恳请朝廷礼贤下士，器重老师，把那些才能业绩出众的鸿儒硕学请到官学任教，还要"特加恩奖，升之太学"，以为师法。否则，他们"遗于草泽"，既"无补风化"，又不能实现"教为一代美事"的目标，损失惨重。

与历代有成就的教育家相比，范仲淹的独到之处在于"亦师亦官"。作为一位老师，他有丰富的治学、教学实践，辛勤耕耘于教坛，成果卓著；作为一名朝廷重臣，他凭借自身的地位和影响，不遗余力地推行办学、管学的正确方针，为教育创造良好的外部条件，使教育事业健康发展。他主持的"庆历新政"，开创了州县普遍立学的新局面，是中国教育史上有里程碑意义的创举；他推行抑任子之恩、严馆阁之选和实行磨勘新制为中心的吏制改革，主张以策论为主改革贡举制度，不仅促进了社会风尚的改变，也为赵宋王朝的长治久安培养了大批人才。范仲淹的教育实践和教育思想，有超越前人的独到之处，应当在我国古代教育史上占有一席之地。

四、文学思想及创作

范仲淹的政治、学术、文学实为三位一体，虽然其光芒万丈的政治思想和军事才能掩盖了其作为文学家的身份，但是他的文学创作实践贯串整个人生，也取得了较为突出的成就。可以说仅一篇《岳阳楼记》就足以使他在中国文学史上占得一席之地。他较为全面地继承和发扬《诗经》以来的现实主义的文学理论与传统，强调文学的社会功能，不尚空谈，不专辞藻，反对浮薄文风，并在创作中一以贯之。历代评价者均认为其文章、道德并重。他的诗、文多与政治有关，都是在为他"先忧后乐"的民本思想和政治思想服务的。观览范仲淹全集，诗、词、赋、散文等众体兼备，风格清新自然，立意高远不凡，不乏像《岳阳楼记》《桐庐郡严先生祠堂记》《清白堂记》之类的名篇佳作。他打破了唐宋诗文吟风诵月、无病呻吟的旧习，开创了以文载道，讲求实际的文风。

文以载道，文以化成的文学观

众所周知，欧阳修、梅尧臣、苏舜钦等是北宋中期诗文革新运动的领军人物，而年长他们十余岁的范仲淹则在其中起了承上启下的重要作用。宋仁宗天圣三年（1025），范仲淹在《奏上时务书》中提出"救文弊""复武举""重三馆之选，赏直谏之臣，革赏延之弊"等改革主张。其中"救文弊"的思想，就是对唐代韩愈、柳宗元复古革新思想的继承，昭示着宋代古文运动的开端，比尹洙、欧阳修、石介等投入古文运动至少要早十年。对此赵孟坚在《彝斋文编》卷三《淩愚谷集序》中有公允的评价，认为在欧阳修倡导诗文革新运动之前，王禹偁、范仲淹的诗文创作导夫先路，充然富赡，一洗五代陋习。这种看法很有道理。范仲淹早就意识到唐末五代以来文章纤媚、风俗巧伪的危害，强调继承历史上进步的文学传统，并热心向后学推荐当代能坚持风雅比兴传统的好作品。他在《奏上时务书》中说"臣闻国之文章，应于风化。风化厚薄，见乎文章"，因而"可敦谕词臣，兴复古道，更延博雅之士，布于台阁，以救斯文之薄，而厚其风化也"，可见他已深刻地认识到文学与社会风化之间的密切关系，不仅在文学创作中身体力行，而且高声呼吁朝廷通过颁布诏令以改变文风，醇化风俗。后来，他又在得不到官方响应的情况下，与尹洙、石延年、苏舜钦等人一起积极团结文坛有识之士，以垂范后世的创作实践，纠正五代以来的纤柔奢靡之风，上继柳开、穆修、王禹偁，下启王安石、曾巩、"三苏"等，把北宋诗文革新运动推向高潮。

范仲淹对中唐发起古文运动的韩愈、柳宗元非常推崇，在《述梦诗序》中为遭受《旧唐书》讥议的柳宗元、刘禹锡等永贞革新人士大做翻案文章，认为他们皆为非常之士，道德文章均令人钦佩。在文学理论上，他继承和发扬了中唐韩愈、柳宗元以来的古文革新理论，坚持文学宗经、明道、致用的原则，提出了"抑末扬本，去《郑》复《雅》"的理论主张，认为文学有鉴戒、劝导和教化的功能，主张文以载道，人品、道德、学问、文章密不可分。他反对一味歌功颂德、抒写个人闲情雅致、追逐华章丽句的宋初文风，在文学创作中务求尚朴返真、骈散结合的风格。他对宋代柳开、穆修、尹洙、欧阳修推动新古文运动的功绩也大加揄扬，称赞他们以谨严的文风、精约的辞理、文采斐然的章奏疏议，带动士林兴起一场轰轰烈烈的文学革新运动，真是"深有功于道"啊！

范仲淹在长期的诗文创作中颇有心得，发为诗论，也较为精彩，正如他在《唐异诗序》里所云："诗之为意也，范围乎一气，出入乎万物，卷舒变化，其体甚大。故夫喜焉如春，悲焉如秋，徘徊如云，峥嵘如山，高乎如日星，远乎如神仙，森如武库，锵如乐府，羽翰乎教化之声，献酬乎仁义之醇，上以德于君，下以风于民。不然，何以动天地而感鬼神哉？"可见他洞悉诗歌多样化的风格及其丰富社会功能，对诗言志与诗缘情也有着通达而透辟的见解。在此基础上，范仲淹提倡诗文创作应做到："意必以淳，语必以真。乐则歌之，忧则怀之。无虚美，无苟怨。隐居求志，多优游之咏；天下有道，无愤腕之作。"正是因为诗人切身体验，故而显得独到而精辟。

创通经术，明达政体的文赋创作

唐宋的文人大多以诗词名家，以文赋入仕，范仲淹也不例外。《全宋文》卷三六七至三九一收录范仲淹的文、赋近五百首。体裁广泛，包括赋、表、奏、牒、尺牍、序、记、论、赞、书、颂、碑铭、墓志、墓表、祭文等。他所作的政论杂文，趋向古文；但所为章、表、启、奏，仍杂骈俪。大体可分为两类，一为公文奏议之文，以实用议论为主；一为交友应酬之文，以叙事抒情见长。就风格而言，前者联系时政，纵论古今，雄辩峻切，说理透彻；后者叙事明快，情真言质，详略得宜，声文并茂。这些散文，是他从政、兴学、治军的实录，具有很高的史料价值，也有一定的文学、美学价值。其中不乏传颂已久、脍炙人口的佳作，如《岳阳楼记》《桐庐郡严先生祠堂记》《清白堂记》《秋香亭赋》《灵乌赋》《答手诏条陈十事疏》《奏上时务书》《上执政书》《唐狄梁公碑》《东染院使种君墓志铭》等，为历代选家所重。《岳阳楼记》是其传颂千古的名作。文中多用四言，杂以排偶，铺叙藻饰，写景壮丽，为历代传诵。文章提出正直的士大夫应立身行事的准则，认为个人的荣辱升迁应置之度外，"不以物喜，不以己悲"，要"先天下之忧而忧，后天下之乐而乐"。全文融记叙、写景、抒情、议论为一体，动静相生，明暗相衬，文词简约，音节和谐，用排偶章法作景物对比，成为杂记中的创新。

范仲淹在青少年时期为备战科举，曾认真刻苦地研读和练习写作各种辞赋。后来执教应天府学，他还选编了一部汉唐赋总集，并写了不少律赋。今存《赋林衡鉴序》与他的文学思想和创作实践相互辉映，是一篇不可多得的赋论。他鉴于宋初文人对律赋写作与评价标准众说纷纭，各执一词的现状，分门别类地对律赋的内容、形式加以论述，计分为叙事、颂德、纪功、赞序、缘情、明道、祖述、论理、咏物、述咏、引类、指事、析微、体物、假象、旁喻、叙体、总数、双关、变态等二十种，并按类作序、选文，强调律赋表现济世经邦的社会责任和价值，突出律赋在体物达情、反映时政等重大问题上的重要功能和意义，对赋的认识较为到位。

《范仲淹全集》中今存三十八篇文赋，多为平生得意之作，在同时代作家中算是数量较多的了。除《明堂赋》《秋香亭赋》

《灵乌赋》等少数篇为古赋外，其余均为律赋。清陈元龙编《御定历代赋汇》，把范仲淹的律赋分为天象、治道、典礼、文学、性道、农桑、宫殿等十四类，其中治道类多达二十篇，涉及君德、国政、教化、明礼、选才等各方面的内容，可谓以律赋作政论、策论，剖析社会弊病，以期最终解决问题。可见范仲淹在创作律赋时并非单纯地将其视为应举工具，而是借助这种特殊的文体，全方位地表现对国家政治、社会现状的思索与探究。既可为教化服务，又可"研究物情，规戒人事"，表现出与现实结合的趋向。比如他的大多数律赋像《用天下心为心赋》《君以民为体赋》《政在顺民心赋》《得地千里不如一贤赋》《灵乌赋》等，就是在反复阐述他的政治观、社会观和人生观的。时人对范仲淹律赋是极为推崇的，宋吴处厚评价他的《金在镕赋》时感叹："则公负将相器业，文武全材，亦见于此赋。"

他作为政治家，政论文旨在阐明民为邦本的重要性及穷通变革的必要性，往往能高屋建瓴，层次分明，说理透辟，议论风发，具有夺人的气势，堪称经典之作。如范仲淹居丧丁母忧时"不以一心之戚，而忘天下之忧"，《上执政书》指陈时弊，认为改革势在必行，提出"固邦本、厚民力、重名器，备戎狄"等六项措施，又分别加以具体说明。行文汪洋恣肆，有理有据，发人深省，深受时相王曾的赞赏。后来在庆历新政时所作《答手诏条陈十事疏》，更是一篇政治改革的宣言和施政纲领，他经过深思熟虑，总结了多年治理州郡的经验，提纲挈领，要言不烦，条理清晰地加以论述，颇受宋仁宗的赏识。其他像《奏上时务书》《上张右丞书》《上资政晏侍郎书》《上时相议制举书》《再进前所陈十事》等文章也观点鲜明，论证严密，闪耀着理论和思辨色彩。又如劝谏仁宗所作的《帝王好尚

144

论》《选任贤能论》《近名论》《推委臣下论》四论也写得纵横捭阖，收放自如，笔锋犀利，入木三分，颇具战国纵横家特色。范仲淹作为方面大员，驻守边塞，在长期的军事实践中，形成了独特的军事思想，写下了不少颇富通俗性和现实主义的论文。其军事论文说理充分，明白如话，逻辑性强。著名的有《奏论陕西兵马利害》《论西事札子》《再议攻守疏》等。范仲淹的奏议中还有别具一格的精品，如《奏雪滕宗谅张亢》一文，即为二人因公使钱系狱而辩护的雄文。他依据现行法规，就公使钱的使用标准和范围，反复论述，辩析毫芒，具有雄健峭劲的风格和坚持真理的凛然正气。尤其是不无愤慨地指出了其严重后果：如果朝廷听信台谏的深文周纳，对边塞将帅刻薄寡恩，徒使狱吏邀功，而劳臣抱怨，必将使将士寒心，军心涣散。据理力争，义正词严，颇具威慑力和感染力。后来还为谪守巴陵的滕宗谅写下了《岳阳楼记》，勉以"不以物喜，不以己悲"，激励他"先忧后乐"的高风亮节。

范仲淹在历经官场飓风险浪的冲击洗礼之后，感情也如波涛汹涌的潮水倾泻于文章中。如在庆历新政夭折后，他胸中难抑的悲愤沉痛之情，就在《邓州谢上表》中喷涌而出，得到了合理的宣泄。他称入仕以来，"持一节以自信，历三黜而无悔"，期望"革姑息之风"，使"谋身者切齿"，然而朝廷上下却"尚循默之体"，使爱国者寒心，壮志难酬。最后果决地表示，仍当"求民疾于一方，分国忧于千里"。依然是"不以毁誉累其心，不以宠辱更其守"，唯对新政的废止始终不能释然于怀，说："议刑赏则不避上疑，革侥幸则多招众怨；心虽无愧，迹已难安。"类似的文字还有《饶州谢上表》《润州谢上表》。他的《遗表》则用极简洁的文字概括了生平事迹，念念不忘的是期望仁宗"明慎刑赏""精审号令""尊崇贤良，裁抑侥幸"。一语不及私事，充分体现了"许国忘家"的高风亮节。

范仲淹主张墓志文、祭文写作等应实事求是，不虚誉，不溢美，他的此类文章多以一个见证人的口吻，娓娓道来，情真意切。或伤悼师友的凋落，因滕宗谅的离世而痛极填膺；或由衷赞美忠良之士，称誉一手提拔的西北名将种世衡为"一方柱础"。范仲淹一百五十多封书信，亦不乏佳作。南宋尤袤曾在范仲淹致尹洙的手简真迹上写了如下跋语："此一卷帖，情义惇惇，不啻兄弟，盖二公忧君爱国，道合志同，其相与之厚，自应尔而。"仲淹的散文中也时有宋人习见的冗长、粗率等问题，也不时冒出儒、佛、道三家思想影响下的变调。纵观仲淹的文赋，确实以振聋发聩之笔，成功地践行了"救斯文之薄"的创作主张。

温柔敦厚，含英咀华的诗词创作

范仲淹与欧阳修、梅尧臣、苏舜钦等人一起发起了诗文革新运动，他继承并发展了温柔敦厚的诗教观念和汉乐府的现实主义精神，强调诗以载道，诗歌应发扬风雅传统，讽谏教化，规劝时政，为"致君尧舜"的政治目的服务。这就使得其作品在艺术上呈现出淳朴、淡远而真切的特点，同时也与"不隐恶，不潜善"的史家精神相契合，流露出以诗传史的创作意图。这也正是他在创作实践中追求思想性和艺术性完美融合的一种体现。

范仲淹存诗约三百首，是其文学创作的主要组成部分。诗歌题材丰富，既有政治诗、咏史诗、咏物诗、边塞诗，又有写景记游诗、述志抒怀诗、交友送别诗等，较为全面真实地表现了他人生各个时期的思想政治感情和艺术生活体验，政治性和伦理性是其最突出的特点。从艺术手法上看，范诗具有宋诗一贯的书卷气和理学味，可谓其"先忧后乐"伟大理想人格的具象化、诗意化。诗风淳朴清新，以真诚感人。语言自然流畅，立意超凡，思路开阔，上承杜甫、韩愈的写作传统，有宋人议论化、散文化特色，语言文字浅切而流畅，自然而去雕饰。

范诗思想内容丰富多彩，有的揭示北宋社会内忧外患的严峻形势，呼唤政治变革的到来，抒发其忧国忧民的政治激情，如《四民诗》，内容十分独特，分别从士、农、工、商的角度，深刻而形象地揭示了北宋社会的严重危机，表现了一位政治家敏锐的目光和深沉的忧患意识。组诗中一再发出要求改革的呼喊，有如一道道闪电掠过危机重重的历史时空，又如一声声春雷传来振聋发聩的巨响。

有的展现其先忧后乐、仁民爱物的宽广胸怀，闪耀着高洁的人格光彩；如五言排律《献百花洲图上陈州晏相公》，实为压轴之作。写河南邓州自然风物，鸟语花香，风景秀丽，官民同乐，沁人心脾。"百花争窈窕""一水自涟漪""步随芳草远"，更是令人赏心悦目、如痴如醉的神来之笔。这时的范仲淹，虽然陶醉在大自然的神奇佳作中，但精神重负依然未能完全解脱，向往的仍然是"但得葵心长向日"，"犹济疮痍十万民"。

有的刻画神州大地壮丽的山川，取材繁富，描绘如画，情景交融，诗中的山水风光十分美好怡人，令人神往。如《潇洒桐庐郡十绝》《苏州十咏》写得各有情趣，充满诗情画意，"万顷湖光里，千家桔熟时"的丰收图景如在眼前。"忆得上林色，相看如故人"，则忠实地反映了诗人身在海隅，心向京华，渴望一展雄图的远大抱负。"春波千顷绿如铺"，可与苏轼的南湖诗相媲美。"春山无限好，犹道不如归"微妙地传达了作者心系朝廷的心声。又如《和章岷从事斗茶歌》极富生活情趣，清新脱俗，熔叙事、绘景、抒情于一炉。首叙建溪春早，新茶萌芽的茶园晨景，次写溪边采茶女嬉笑打闹的憨态可掬，再写林下雄豪斗茶时一决胜负的豪爽，最后抒发议论。动静结合，脉络分明。全诗毫无雕琢、斧凿之痕，融议论入诗，浑然天成，用典自然精切，有极强的艺术感染力。这首诗被誉为唐宋咏茶诗中的一朵奇葩。

范仲淹的边塞诗写得很出色。有的以诗写史，真实地记载宋夏战争中军旅生活，再现战争场面。《阅古堂诗》既是长篇，又为力作。他深情地回忆了在陕西和韩琦并肩战斗的情景，描写了西北边疆如火如荼的激烈战事，抒发了壮心不已、报效祖国的豪情壮志。

范诗形式多样，手法多变。《四民诗》《赠棋者》以议论入诗，似以韵语撰写的奏章、杂文；《岁寒堂三题》《寄题岷山羊公祠堂》《阅古堂诗》以叙述为主，杂以议论，似押韵的记事文；《送河东提刑张太傅》则叙其生平行藏，似诗赋传记；诸多酬赠诗似以赠序为诗；赴桐庐诸诗则似日记、小品；《苏州十咏》《潇洒桐庐郡十绝》描绘一地风土人情，犹如诗绘之方志；等等，足见范仲淹对于诗歌题材大力拓展，对诗体书写运用自如，左右逢源，并对于宋诗风格的形成有促进作用。

范仲淹的传世之词仅五首，均为精品，风格各异，或雄浑壮阔，悲凉感怆，或委婉清丽，缠绵悱恻，都能做到抒写胸臆，真挚动人。流传最广的首推《渔家傲》。

> 塞下秋来风景异，衡阳雁去无留意，四面边声连角起。千嶂里，长烟落日孤城闭。浊酒一杯家万里，燕然未勒归无计。羌管悠悠霜满地，人不寐，将军白发征夫泪。

词的上阕工笔描绘西北边塞辽阔苍凉的秋景，以"异"字统领，突出塞外景物的特点。秋来不堪冷寒迁徙南飞的鸿雁，西风冽冽中苍凉悲切的马啸笛鸣，崇山峻岭里垂直升起的狼烟，残阳如血中紧闭的孤城。词人以全景式的白描手法，刻画出一幅寥廓荒凉、萧瑟苍茫的边塞鸟瞰图。尤其"长烟落日"一语，自然而然地使我们重温"大漠孤烟直，长河落日圆"经典场景，如秦汉明月，异曲同工。词的下阕则抒发了守边将士的愁情别绪，三三两两聚在一起的将士们，端起一杯浑浊的老酒，思绪不禁飘浮到远在万里之外的家乡，可是西北边祸尚未平息，哪里能言归呢？加之以遍地白霜弥漫眼前、声声羌笛不绝于耳，又如何能够安然入眠？将士们只能在漫长的孤夜里愁白了乌发，流下了浊泪。

词人将直抒胸臆和借景抒情相结合，抒发了边疆将士们壮志难酬和思乡忧国的爱国情怀。全词境界壮阔，风格苍凉，突破了唐末五代词的艳丽绮靡之风。范仲淹首次以边塞入词，扩大了词体的表现范围，开创以苏轼、辛弃疾为首的豪放词风。

综上所述，范仲淹提出了"救斯文之薄"的文学理论，主载道，重教化，不失为北宋诗文革新运动的一员先锋骁将；他以别具只眼的诗论、赋论、文论新人耳目，也以身体力行的创作实践证明了《四库提要》编者的述评确非虚誉："仲淹人品、事业，卓绝一时，本不借文章以传，而贯通经术，明体达用，凡所论著，一一皆有本之言，固非虚饰词藻者所能，亦非高谈心性者所及。"总而言之，范仲淹的诗文赋词虽不算多，却都不乏名篇佳作，不以量取胜而以质著称。作品富于政治性与伦理性，风格质朴浑厚自然，表现手法灵活多变，以真诚感人，叙事写景亦多清丽之作，在文学史上自应占有一定地位。

附　录

年　谱

989 年（端拱二年）　范仲淹出生。

990 年（淳化元年）　父范墉病卒。

1008 年（大中祥符元年）　出游鄠郊，与王镐、道士周德宝、屈应元等啸傲于鄠、杜之间，一起登临终南山，抚琴论《易》。

1010 年（大中祥符三年）　入睢阳学舍就读。

1015 年（大中祥符八年）　进士及第。

1016 年（大中祥符九年）　任广德军司理参军，职司治狱。迎母侍养。

1017 年（天禧元年）　擢任文林郎、权集庆军节度推官。上《奏请归宗复姓表》，始复范姓。

1019 年（天禧三年）　加秘书省校书郎试秩，仍从事谯郡。

1021 年（天禧五年）　调任监泰州西溪盐仓，系衔依旧。

1024 年（天圣二年）　迁官大理寺丞，仍在西溪监盐仓任所。长子纯佑出生。

1025 年（天圣三年）　知兴化县事。与滕宗谅一起，尝试筑捍海堰，以失败告终。

1026 年（天圣四年）　调官监楚州粮料院；八月，丁母谢氏夫人忧。

1027 年（天圣五年）　守母丧于南京应天府。正月，被晏殊辟为应天书院教席。向宰执上万言书，陈述改革蓝图。六月，次子纯仁生。

1028 年（天圣六年）　七月，捍海堰修成，仲淹总结修堰经验，撰《堰记》。十二月，守丧期满的仲淹被召为秘阁校理，跻身馆职。

1029 年（天圣七年）　供职秘阁。秋，以发解官主持别头试于太常寺。十一月冬至，上书谏仁宗率百官行拜贺太后寿仪。后又疏请刘太后还政，疏入不报，遂自请补外，出为河中府通判。

1030 年（天圣八年）　　三月，上书请罢修寺观，省无益之费。四月，转官殿中丞。

1031 年（天圣九年）　　三月，迁太常博士，移通判陈州。乞将磨勘恩泽追赠父母。三子纯礼生。

1032 年（明道元年）　　八月，晏殊参知政事。仲淹屡上奏疏，亟论内降之弊，应以唐中宗朝韦后墨敕斜封官事为鉴。

1033 年（明道二年）　　四月，仲淹被召回任右司谏。上疏谏不应立杨太妃为太后，又建议保全刘太后，劝帝恪尽子道。七月，被命体量安抚江淮灾伤，上陈救弊八事。十二月，与孔道辅率台谏官力谏废郭后为非，外放睦州。

1034 年（景祐元年）　　四月中旬，至睦州任所。秋，移守乡郡姑苏，部署救灾工作。诏移知明州，转运使言仲淹治水救灾有方，愿留毕其役，遂复知苏州。

1035 年（景祐二年）　　奏请苏州立学。三月，擢礼部员外郎、除天章阁待制。八月召还，判国子监。十二月，除权知开封府，京邑肃然称治。

1036 年（景祐三年）　　上疏论营建西京洛阳事。又上百官图，指斥宰相用人失当，又上《帝王好尚论》《选任贤能论》等四论，被吕夷简反诉为"越职言事"，"间离君臣"，出知饶州。八月至任所，奏免贡茶乌嘴茶，奏蠲德兴银冶场贡课。

1037 年（景祐四年）　　发妻李夫人病卒。十二月，诏移仲淹知润州。

1038 年（宝元元年）　　正月，赴知润州。道经江西彭泽，谒狄仁杰祠，重撰狄碑，表彰其气节、才识。在州筹划建润学，重建清风桥。十一月，诏令移知越州。

1039 年（宝元二年）　　七月，至越州任所，与前任郎简交政，以德化治。

1040 年（康定元年）　　三月，仲淹官复天章阁待制，知永兴军；四月，寻改命擢刑部员外郎、兼侍御史知杂、陕西都转运使；五月，又迁龙图阁直学士，与韩琦同被任命为陕西经略安抚副使、同管勾都部署司事。八月，迁户部郎中、代张存兼知延州。

1041 年（庆历元年）　　正月，朝廷决定采取韩琦策略，与西夏决战，仲淹

151

上书奏请鄜延暂不出战，以开和议之路，同时积极整军修寨，备成而后言战，诏从其请。

1042年（庆历二年）　正月，巡边至环州，过马岭镇。复上疏再议攻守策。二月，庞籍上疏支持仲淹之策，又补充行坚壁清野之计，然后行招纳之策。三月，修筑大顺城。

1043年（庆历三年）　与韩琦同上奏疏，论不可许和及防元昊之策。三月，吕夷简罢相，晏殊拜相兼枢密使。四月，韩范同日擢除枢密副使。八月，范仲淹就任参知政事。九月，开天章阁，诏命条对时政，范应诏上十事疏。

1044年（庆历四年）　范仲淹启程宣抚河东、陕西。十二月，仲淹檄种世衡、蒋偕兴筑细腰城，断明珠、灭臧交通西夏之路。请罢参知政事，乞知邠州。

1045年（庆历五年）　范仲淹罢参知政事，以资政殿学士出知邠州，兼陕西四路缘边安抚使；十一月，解仲淹四路帅任，以给事中改知邓州。

1046年（庆历六年）　范仲淹至邓州任所。七月，四子纯粹生，乃继室曹氏夫人所生。

1048年（庆历八年）　诏移知荆南府，邓民请留，仲淹也上表自请愿留，复知邓州。

1049年（皇祐元年）　自春至夏，在由邓移杭途中，过陈，谒晏殊；至杭已盛夏。三月，次子纯仁进士及第。七月，擢除礼部侍郎，赐凤茶，有谢表。赴杭过苏时，与仲兄仲温议定，在姑苏创办义庄，以赈宗族。

1050年（皇祐二年）　知杭州任所。是岁，吴中大饥，发司农存粟救荒外，又独创以工代赈救灾方式。九月，兄仲温死，有墓志。十一月，诏命移知青州。

1051年（皇祐三年）　至青州任所，与前任富弼交政。时，青州大饥，河朔流民嗷嗷待哺，到任即忙于赈济救灾。因病重难支，乞颍、亳间一郡就养。

1052年（皇祐四年）　范仲淹移知颍州。行至徐州，已沉疴不起，遂于五月二十日卒于徐州。死前上《遗表》，一言未及家事。

主要著作

（一）范仲淹著述

据《宋史》卷二〇八所载，范仲淹著有《范仲淹集》二十卷、《别集》四卷、《尺牍》二卷、《奏议》十五卷、《丹阳编》八卷行世。范集历来受到政府和学者的高度重视。清代时，《范文正公文集》还先后被收入"四库全书"及"四部丛刊"等丛书出版。此外，历代还汇编有《范文正公别集》《范文正公续集》《范文正公集补编》《范文正公诗余》《范文正公政府奏议》《范文正公尺牍》《范氏义庄规矩》《范文正公遗事》《范文正公言行录》等。这些文献或与文集合刊，或单刻行世。清康熙四十六年（1707），由范仲淹十九世孙范能濬编辑、范氏家塾岁寒堂刻《范文正公忠宣公全集》本最善，其中包括《文集》二十卷、《别集》四卷、《政府奏议》二卷、《尺牍》三卷、《年谱》一卷、《年谱补遗》一卷、《言行拾遗事录》四卷、《鄱阳遗事录》一卷、《遗迹》一卷、《义庄规矩》一卷、《褒贤集》五卷、《补编》五卷，计四十八卷。

（二）范仲淹著作整理

1.〔宋〕范仲淹著，李勇先、王蓉贵等点校：《范仲淹全集》，四川大学出版社，2002年。

2.〔宋〕范仲淹著，〔清〕范能濬编集，薛正兴校点：《范仲淹全集》，凤凰出版社，2004年。

参考书目

1. 汤承业：《范仲淹研究》，台湾编译馆，1976年。

2. 彭功智：《忧国忧民的范仲淹》，河南人民出版社，1981年。

3. 吴季桓：《名人伟人传记全集·范仲淹》，名人出版社，1982年。

4. 程应镠：《范仲淹新传》，上海人民出版社，1986年。

5. 陈荣照：《范仲淹研究》，三联书店香港分店，1987年。

6. 周鸿度等编著：《范仲淹史料新编》，沈阳出版社，1989 年。

7. 台湾大学编：《纪念范仲淹一千年诞辰学术研讨会论文集》，台湾久忠实业有限公司，1990 年。

8. 李涵、刘经华：《范仲淹传》，中州古籍出版社，1991 年。

9. 范仲淹研究会编：《范仲淹研究论集》，苏州大学出版社，1995 年。

10. 董平：《伟大的教育家范仲淹》，西安地图出版社，2000 年。

11. 方健：《范仲淹评传》，南京大学出版社，2001 年。

12. 颜廷瑞：《清吏范仲淹》，辽宁画报出版社，2001 年。

13. 许满贵：《北宋宗臣范仲淹》，华宝斋书社，2004 年。

14. 杨德堂：《范仲淹的故事》，中国文史出版社，2006 年。

15. 颜庭锐：《宋初新政名臣——范仲淹》，上海大学出版社，2007 年。

16. 胡永杰：《范仲淹：楼上一叹动千年》，中国发展出版社，2008 年。

17. 诸葛忆兵：《范仲淹研究》，中国人民大学出版社，2010 年。